MARK
麦客文化

Alfred Adler

阿德勒
心理学讲义

〔奥〕阿尔弗雷德·阿德勒（Alfred Adler） 著

吴宝妍 译

化学工业出版社

·北 京·

图书在版编目（CIP）数据

阿德勒心理学讲义 ／（奥）阿尔弗雷德·阿德勒著；
吴宝妍译 . -- 北京 ：化学工业出版社，2024. 10（2024. 11重印）
ISBN 978-7-122-46307-4

Ⅰ. B84

中国国家版本馆 CIP 数据核字第 2024ZG5055 号

责任编辑：张 曼　　　　　　　装帧设计：今亮后声 HOPESOUND
责任校对：李露洁

出版发行：化学工业出版社有限公司（北京市东城区青年湖南街 13 号 邮政编码 100011）
印　　刷：三河市航远印刷有限公司
装　　订：三河市宇新装订厂
880mm×1230mm 1/32　印张 7$\frac{1}{2}$　字数 100 千字　2024 年 11 月北京第 1 版第 2 次印刷

购书咨询：010-64518888　　　　售后服务：010-64518899
网　　址：http://www.cip.com.cn
凡购买本书，如有缺损质量问题，本社销售中心负责调换。

定　价：39.80 元

在自卑感中开出生命之花

对心理学感兴趣的人，想必对阿德勒这个名字都不陌生。阿德勒是奥地利精神病学家、个体心理学创始人、人本主义心理学先驱。他年轻时学医，获维也纳大学医学博士学位，后受弗洛伊德理论的吸引，转而研究精神分析。在精神分析的早期阶段，他与弗洛伊德、荣格三足鼎立，成了这一新兴心理学派的主要代表人物之一。但在之后的研究中，阿德勒逐渐与弗洛伊德发生分歧，继而与之分道扬镳。阿德勒开创了属于新精神分析学派的个体心理学，对后来西方心理学的发展具有重要的意义。

阿德勒认为，当一个人觉得不如别人时，就会产生自卑感。他还认为，人具有寻求优越的动机，使自卑感得到补偿。阿德勒强调自卑感是决定人格结构的因素，后来在美国把这一观点应用于教育与社会工作。阿德勒的主要著作有《个体心理学的实践与理论》《自卑与超越》《神经症问题》等。

按照阿德勒的理论，自卑感是个体人格发展的积极动力，是人类一切努力和成就的基础，也是一切心理问题的根源。基于对自卑感的深入分析，阿德勒发展出一套完整的生活哲学。本书中，基于这套生活哲学，阿德勒讨论了个体心理学的各种要素及其在日常生活中的应用，探讨了关于自卑感与人格、童年、家庭、梦境、教育、人际关系、爱情与婚姻等之间的关系，通过深入分析自卑情结和优越情结在人格类型形成过程中的作用，帮助人们与自卑感共同成长和发展。读者将在本书中遇见真实的自己，学习拥抱自卑感，用自卑感来激励自己，化不美好为勇气，在自卑感中开出生命之花，挑战一切不可能。

目 录

第一讲

生活的科学

人的一生很短暂，生命很脆弱，我们需要不断地克服困难，完善自己，绝不能放弃努力寻求生命的意义。

伟大哲学家威廉·詹姆士（William James）说过："只有与生活直接相关的科学才是真正的科学。"换句话说，在一门与生活直接相关的科学里，理论和实践是密不可分的。一门以人生为研究对象的科学，正是因为以生活的动态发展为研究基础而成为一门生活的科学。这些分析对个体心理学尤其适用。个体心理学试图把个体生命视为一个整体，个体的每一个反应、行为和冲动都被视为个体的人生态度链条上的其中一环。这样的学科必然是以实践为导向的，借助于我们所掌握的知识，可以改变、修正我们的态度。因此，个体心理学在预见性方面具有双重意义：它不仅能预测即将发生什么，还能像先知约拿一样给我们警示，以便我们能采取措施，避免某些事情发生。

努力去了解生命的神秘创造力是个体心理学发展的缘

由。这股生命力表现在个体发展、奋斗、实现目标的欲望上，甚至是通过在某方面努力获得成功来补偿在另一方面的挫败而表现出来。这股力量是有目的引导的，它奋力追求一个目标，在奋斗过程中，肉体和心灵的每个活动都是协同工作的。因此，抽象地观察身体动作和精神状态、而不把个体作为一个整体考虑，这样的研究方法是荒唐的。比如，在犯罪心理学中，把关注重点放在犯罪行为而非犯人上面，这就是荒谬的，问题的关键在于犯人而不是犯罪行为。不论我们花费多少精力来琢磨犯罪行为，如果不把犯罪这件事看作是个人生命整体中的一个章节，我们就无法理解犯罪的实质。同样一个行为，在某种情形下是犯罪，在另外一种情形下却不是。关键是要理解个体的实际情况，即一个人的生活目标，这个目标是他所有行为活动的指导线。把握了这个目标，我们就能明了每个单独行为背后隐藏着的含义。也就是说，我们把个体行为当作整体中的一个部分来看待。反之，我们对部分进行研究之时——只要把它们看作整体中的部分，那么我们对整体的认识就会提升。

　　笔者本人对心理学研究的兴趣源自从医的经历，在此经历中建立起了目的论的观念，这种思维对于理解心理学现象是必要的。医学发现，所有身体器官都是朝着确定的目标生长的，发育成熟的器官都有确定的形状。当器官有缺陷时，自然力总会设法克服这个缺陷，或者长出新的器官来替代有缺陷的器官。生命总是力求延续下去，并且当遇到外部障碍时，不经过一番挣扎，生命力是绝不会就此屈服的。

人的心理活动与身体器官的活动相似。每个人的头脑里都有一个超越现状的目标或理想，并设定一个具体的未来目标以克服现有的困难。具体的目的或目标能让一个人认为和感到自己脱离了现有的困境，因为他预期自己会在未来获得成功。如果没有目标感，个体的活动就不再有任何意义。

所有研究的证据均指向一个事实：这种目标的确立赋予了它一种具体的表现形式，而这一定是在人生的早期阶段发生的，即童年这个人格形成期。在这个时期，人格原型（prototype）——成熟个性的模型开始形成。我们可以想象一下这个过程是如何发生的：一个孩子，因为弱小而感到自卑，觉得不能承受他所处的环境。于是他努力成长，并为自己选择一个目标，沿着这个目标所确定的方向线一路发展。在这个阶段，成长的物质条件不如目标更重要，因为是目标决定了个体发展的方向线。很难解释这个目标是如何确立的，但这样的目标显然存在，并支配着孩子的每一个行动。关于人生早期的种种力量、冲动、动机、能力和失能，目前所知甚少，至今还未找到探知的关键所在。只有在孩子选定了目标之后，才能确立其发展方向。只有看到个体生命的导向，我们才能猜测未来的行动。

人格原型是体现目标的早期个性模型，一旦形成，其发展的方向线就被确定下来了，个体就有了明确的导向。正是这个事实使我们能够预测到个体在后来的人生中会发生什么。从此以后，个体的统觉（apperception）必定会落入由这条方向线划定的范围内。面对一些给定的情境，孩子不会感知到实际存在的情况，而是会根据个人的统觉体系来判断，也就是说，他是带着自身利益的偏见来感知的。

目前的研究发现了一个有趣的事实：身体器官有缺陷的孩子往往会把个人所有的经历跟该缺陷器官的功能联系在一

起。比如，胃有毛病的孩子会对吃东西显示出异常的兴趣，而视力不好的孩子会更关注可见的事物。这种关注是跟个人的统觉体系相一致的。我们已经说过，统觉是每个人都具有的特质。于是有人也许会提议：要发现一个孩子的兴趣所在，我们只需确定他的哪个器官有缺陷即可。但是事情并没有这么简单。孩子对器官缺陷的体验方式并非外部观察者所看到的那样，而是会受到个人统觉体系的干预。因此，尽管器官缺陷是孩子统觉体系中的一个要素，但从外部来观察器官缺陷不一定能了解孩子的统觉体系。

孩子的认知是相对的，在这点上，他跟所有其他人都一样。没有一个人能幸运地获得绝对真理，甚至连科学研究也没有这个福气。孩子的认知是建立于常识的基础上的，也就是说，认识总是在变化的，大错误逐步被小一些的错误取代。任何人都会犯错，但重要的是我们能改正。在人格原型形成期，修正错误相对容易；假如在这个时期错误没有得到纠正，到后期我们也许能通过回忆那时的整体情况来改正。因此，在治疗神经症患者的时候，我们要去发掘的是他在早年人格原型形成时期所犯的根本性错误，而非后来犯的普通错误。发现了这些错误，就有可能通过适当的治疗来纠正。

在个体心理学看来，遗传不是那么关键。一个人的遗传并不重要，重要的是他在早年如何对待自己的遗传特征。也就是说，人格原型是在童年的生活环境中形成的。天生的器官缺陷当然跟遗传有关，我们面临的任务是如何使孩子从某个特定的困境中解脱出来，置身于有利的环境中。事实上，遗传缺陷反而给我们提供了一个极大的便利，当我们发现了孩子的缺陷，就会知道该如何去做相应的处理。因为营养不良，或者因为养育过程中出现的诸多错误，没有任何遗传缺陷的健康孩子也许会比有缺陷的孩子过得更差。

对于生下来就有器官缺陷的孩子，他们的心理状况是至关重要的。由于面临较困难的处境，这些孩子会明显表现出强烈的自卑。在人格原型的形成期，他们就已经关注自身甚于关注他人，在往后的生活中还会继续如此。导致人格原型期出现差错的不仅仅是器官缺陷，其他情形也可能导致同样的差错，比如被宠坏或者被嫌恶。后面，我们会详细地描述这些情况，通过实际案例来说明对孩子尤其不利的三种情况：器官缺陷、被溺爱和被嫌恶。在这里只需要指出的是，这些孩子的成长遇到了障碍，他们总是害怕被打击，因为他们在成长的环境中一直没有学会独立。

我们必须从一开始就了解社会兴趣（social interest），因为它是教育和心理治疗最重要的方面。只有勇敢、自信、从容的人才能同时从逆境和顺境中获益。他们从不害怕、胆怯；他们知道会遇到困难，但也知道自己能够克服困难；他们准备好应对生活中所有的问题，而生活问题无一不是社会生存问题。作为一个人，我们必须要准备好参与社会行为。我们前面提到的三类儿童，他们的人格原型中的社会兴趣程度较低。他们的思维方式不能指导他们去完成生活中必须要完成的任务，也不会帮助他们去克服困难。体验挫败之后，他们的个性原型会对生活问题产生不正确的态度，个性会朝着消极无效的方向发展。我们治疗这类患者的任务是帮助他们培养积极有益的行为方式，使他们建立对人生和社会有价值的生活态度。

缺乏社会兴趣的人会朝无价值的生活方面发展。问题儿童、罪犯、精神病患者、酗酒者往往都是缺乏社会兴趣的人。对于这些情况，我们的任务是找到影响他们的途径，使之回归到积极的人生轨道上，建立起对他人的兴趣。由此可以说，我们所说的个体心理学事实上是一种社会心理学。

　　说完社会兴趣，我们接下来的任务是发现个体在成长中面临的困难。这个任务乍看起来更让人摸不着头脑，但实际上并不是很复杂。我们都知道，所有被溺爱的孩子都会变成被讨厌的孩子。在我们的文化里，无论社会还是家庭都不会无限地宠爱孩子，被娇惯的孩子很快就会碰到难题。在学校，他们发觉自己到了一个新的社会环境，面临新的社会问题。他们不想跟同学一起写字、玩耍，因为他们之前的生活经历没有培养他们参与学校的集体生活。事实上，人格原型形成期的经历使他们害怕面对新环境，想继续得到呵护。这样的个体性格特点不是遗传的——远远不是，而是我们可以从他们的人格原型的特点和生活目标中推断出来。既然他们表现出朝某个生活目标发展的特点，那么他们就不会具有朝另外一个目标发展的特点。

作为生活的科学，个体心理学还要研究人的感受。由目标确定的发展方向不仅影响一个人的性格特点、肢体动作、表情和整体的外部特征，还会支配他的感受。值得注意的是，个人总是用感受来证明态度。假如一个人想做好工作，这个态度会被强化，进而主宰他全部的感情。我们可以断定的是，感受总是与一个人对工作任务的看法相一致，它会强化个体的偏好。即使没有情绪左右，愿意做的事我们总是会去做，感受只不过是伴随行动而已。

这一点在人的梦境中可以清楚地观察到。揭示梦的目的可能是个体心理学最新的研究成果之一。每一个梦显然都有一个目的，尽管这个事实直到最近才被认识清楚。大体上来说，一个梦可以促进情绪或情感的流动，而情感的流动反过来会推进梦的发展。这一点，为梦即欺骗的旧观点提供了一个有意思的注解。我们在梦里做的是清醒时想做的事。梦是我们清醒时的行为计划和态度的一次情感预演，而真实的"演出"可能永远不会发生。从这个意义上说，梦是骗人的，它不过是充满感情色彩的想象，让我们体验了做一件事的兴奋刺激，而实际上并无行动。

在我们清醒时的生活中，也能看到梦的情感欺骗性这一特点。人们总有强烈的感情自欺的倾向，即我们总是想说服自己朝人格原型所界定的方向发展，人格原型在一个人4～5岁时就形成了。

个体心理学的下一个研究领域是人格原型。人在4~5岁的时候，个性的基本模型就已经建立了，我们要观察这个时期以及更早之前的时期给孩子留下的印象。这些印象缤纷多彩，从一个正常成年人角度来看，这些印象之丰富，超出我们的想象。影响孩子思维的最常见的情况，是父亲或母亲对他们的过度惩罚或虐待所造成的压抑感。这种压抑可能会使孩子努力寻求解脱，又或者表现为心理上的排斥。有些女孩的父亲脾气暴躁，她们的人格原型就会排斥脾气暴躁的男性；而有些男孩的母亲严厉苛刻，他们就可能排斥女性。当然，排斥心理还有其他的表现形式：孩子可能会变得羞怯，或者性关系方面变得很随便（排斥女性的另一种表现）。这些不正常表现并非来自基因遗传，完全是孩子在那个时期的生活环境所致。

孩子在童年时犯下错误的代价是昂贵的。尽管如此，孩子能获得的辅导也寥寥无几。父母要么不了解，要么不愿意承认是他们自己的言行为孩子带来了今天的苦果，于是孩子只能沿着自己的轨道发展下去。

有意思的是，没有任何两个孩子是在一模一样的环境中长大的。即使他们生在同一个家庭，每一个孩子身处的氛围也都是特别的。最大的孩子所处的环境明显有别于其他孩子。老大原是家里唯一的孩子，全家注意力的中心，但随着老二的降生，老大发现自己失宠了，而他不喜欢这种改变。对他的人生来说，这是挺悲剧的一件事：被专宠的局面永远失去了。这种悲剧感会渗透进他的人格原型中，并会在成年后的个性特征中显露出来。种种案例显示，这些孩子日后屡屡碰壁。

同在一个家庭而成长环境相异的另一种情形是男孩和女孩的差别对待。男孩常常被高估，而女孩则被认为不会有什么成就。被这样对待的女孩长大后一般优柔寡断、疑虑重重，一辈子都举棋不定，时刻带着"只有男人才真正有能力成就大事"的观念。

排行第二的孩子的处境也是特别的。老二与老大的境况完全不同，因为他的前面总有一个人（老大）在领跑，和他一同前行，而且老二经常会超过老大。原因很简单，年长的孩子厌烦身边总有个竞争者（即弟弟或妹妹），而这种烦恼情绪最终影响了他在家里的地位，他被竞争吓怕，表现欠佳，父母对他的评价越来越低，转而称赞老二。而老二呢，总有一个人跑在自己前面，自己永远都要跟人赛跑。在家庭中的特殊位置会反映在老二的个性特点上，老二往往桀骜叛逆，藐视权力或权威。

排行最小、本领却大的孩子的故事在历史和传说中比比皆是，《圣经·旧约》中的约瑟就是其中一个。约瑟是家里的老幺，但他却想征服所有人（他虽然有个弟弟，但是在他离家数年之后才出生的，对他影响不大）。童话中都可以找到这样的描述：年龄最小的孩子扮演领导者的角色。这些性格特点形成于童年早期，除非对个体的认识有所加深，否则这些特点将保持不变。若要改变一个孩子，必须要让他了解自己在童年初期经历过什么事，让他意识到自己的人格原型在错误地影响着他生活的方方面面。

认识人格原型进而洞察个体本性的一个有效手段是分析个体的童年记忆。根据目前所有的认识和观察可以得出这样的结论：童年记忆是人格原型的组成部分。举个例子来说明。比如有器官缺陷的孩子，假设某个孩子的胃不好，他要是回忆自己曾见过或听过某事物，那这个事物多少跟吃有关。再比如左撇子的小孩，习惯用左手对他的思维也会产生影响。有人可能会回忆妈妈曾如何宠爱自己，或者回忆弟弟妹妹的出生；如果爸爸脾气暴躁，他可能会想起自己曾经被打，又或者会想起他在学校不受欢迎，被人欺负。如果我们掌握解读的方法，这些阐述是非常有用的。

解读童年记忆需要很强的同理心，即能设身处地地想象孩子童年的状况。只有运用同理心的力量，我们才能理解弟弟妹妹的降生对一个孩子的生活产生的微妙意义，才能体会脾气暴躁的爸爸的虐待会给孩子留下怎样的印象。

　　说到虐待，一个无须再强调的事实是：惩罚、训斥、说教是徒劳无益的。如果孩子和大人都不知道该在哪个方面做出改变，情况不会有所进展。如果孩子自己不明白该如何改变时，惩罚只会让他变得更狡诈，或者更懦弱。惩罚和说教不能改变他的人格原型，单纯的生活经历也不能改变，因为生活经历已经跟他的统觉体系相一致。只有触及基本人格，改变才有可能发生。

　　假如在一个家庭中，孩子的发展状况欠佳，他们可能看起来都很聪明（这里说的"聪明"是指孩子能正确回答问题），但当我们留心观察他们的种种表现和状况时，就会发现他们其实有强烈的自卑感。当然，聪明不一定说明他们具备常识。这些孩子有一种完全个人化的思维，或者可以说他们的思维方式是"私人独有的"。这种思维常见于神经症患者。比如，有的强迫症患者总是忍不住数窗户，尽管他也知道这毫无意义。一个喜欢关注有意义的事情的人是不会有这种行为的。完全个人化的理解方式和语言也是精神失常者的特征，他们不使用常识性语言。而常识恰恰代表了一个人社会兴趣的程度。

用常识的判断跟纯粹个人化的判断来比较，我们会发现，常识一般都是对的。我们凭借常识来区分好与坏，尽管遇到复杂的情况时我们经常出错，而错误往往会随着常识的提高而自动修正。那些仅关注个人兴趣的人非但不能像一般人那样自然地分辨对错，还暴露了自己在这方面的能力缺失，他们的一举一动全都清晰地展现在别人面前。

以犯罪行为为例。在我们研究罪犯的智力、认知和动机时，会发现他们都认为自己的行为既机智又英勇。他们认为自己实现了超越别人的目标，不仅比警察聪明，还胜过其他人。他们自以为是英雄，看不到自己的行为，其实并不是这么回事，他们的行为远不是英雄所为。由于缺乏社会兴趣，他们的生活趋于消极，导致他们缺乏勇气、懦弱胆小，可是他们本人意识不到。那些生活在消极负面中的人往往怕黑、怕孤独，渴望跟别人在一起。这些都是确信无疑的懦弱表现。阻止犯罪的最好办法是让人们意识到犯罪不过是懦夫的表现。

我们知道，有些犯过罪的人快 30 岁的时候才会去找工作、结婚，后来成为好公民。这是怎么回事？想想看，一个入室盗窃的小偷，到了 30 岁，还怎么能跟 20 岁的小偷竞争呢？年轻的小偷更机灵、更有本事。而且，到了 30 岁，一个罪犯要被迫改变过去的生活方式，靠犯罪这个职业已经不能谋生了，到了该转行的时候。

　　关于犯罪分子，还有一点我们得牢记：加重刑罚远远不能阻吓他本人，只会让他愈加认定自己是英雄。不要忘记，罪犯生活在一个以自我为中心的世界里，在那里没有真正的勇气、自信和公共意识，也没有对共同价值观的认识，这样的人无法参与社会。神经症患者很少与人聚会，对患有陌生环境恐惧症的人和精神失常的人来说，聚会是他们不可能实现的壮举。问题儿童和有自杀倾向的人从来不与人交朋友，确切的原因尚不清楚。但是，有一个可能的解释是：童年时，他们就开始以自我为中心，人格原型被导向错误的目标，之后，他们就沿着一条消极无用的生活轨迹发展。

　　现在我们来看看个体心理学提供了什么办法来教育和训

练神经症患者。这个群体包括问题儿童、罪犯和那些借酒精逃避消极生活的酗酒者。

为了简单快速地找出问题所在，我们一开始会询问患者的困扰开始于什么时候。患者一般都会把问题归咎于新出现的情况，这是不正确的。经过询问我们会发现，在新情况出现之前，他们并没有为之做好准备。处境有利的时候是看不出人格原型中的缺陷的。每一个新情况实质上都是一次试验，而个人依据自身的人格原型所确立的统觉体系来做出回应，这种回应不是简单的反射，而是富有创造性的，且与支配个人整个生活的目标相一致。个体心理学研究很早就告诉我们，遗传的重要性可以排除，单独研究某个部分也不是重点。由于个体原型是依据自身的统觉体系来对生活经历做出回应，我们必须调整统觉系统才能取得实际效果。

以上总结了个体心理学在过去 25 年里 **❶** 探索出来的研究方法。可以看到，个体心理学在一个新的研究方向上取得

---

❶ 本书最早出版于 1927 年

了长足的进步。心理学和精神分析学流派众多，心理学家各有各的研究方向，互不认同。也许读者不应该笃信某一派，而应该自己比较。读者可以看到，个体心理学不赞同所谓的"内驱力"心理学（美国的威廉·麦克道格尔是典型代表），因为在他们所说的"内驱力"中，遗传因素被过分强调。我们也不接受行为主义（Behaviorism）的"条件作用"和"反应"。用"内驱力"和"反应"来构建个体的命运和性格是徒劳无益的，除非我们认识到这些因素都导向一个人生目标。这两类心理学都不从个人的目标来考虑问题。

的确，说到"目标"这个词，读者可能会产生一个模糊的印象。因此，我们有必要具体解释一下这个概念。说到底，一个人有目标亦即希望像上帝那样去行事，效仿上帝当然是终极目标，也可说是目标中的目标。教育者在教导自己和孩子效仿上帝时应该十分谨慎。事实上，孩子在成长中会有一个更具体、更可企及的目标。孩子会看看周围谁最强，然后把他当榜样或奋斗的目标，这个人可能是爸爸或妈妈。男孩可能会受母亲的影响而去模仿她，因为妈妈似乎是最强的人。长大一点儿以后，他们可能会觉得马车夫是最强的人，因而想当马车夫。一旦有了这个目标，孩子的动作、打扮和自我感觉都会像一个车夫，他们会模仿这个目标对象的所有特征。可是，只要警察稍稍竖起一根手指，车夫即刻就不神气了，孩子就会另寻目标。再长大一些，孩子的理想可能会是医生或老师，老师能惩罚学生，孩子会尊之为强者。

孩子在选择目标时会挑一个具体的象征性人物。选择什么目标能反映出孩子的社会兴趣取向。有个男孩，在回答长大以后想做什么时说："我想当绞刑官。"可见，这男孩缺乏社会兴趣，他想做主宰生死的人，而这个角色只属于上帝。由于他想比整个社会都强大，所以他的人生会导向消极负面的方向。虽然一个人想当医生也是希望能像上帝一样掌控生死，但与前者不同的是，这个理想目标是通过提供社会服务来实现的。

自卑情结

人格原型中的缺陷在紧张和困难的情况下表现得尤为明显。正是在困境和新环境中，人格原型才被充分暴露。

在个体心理学的实践中，用"意识"和"无意识"来指明截然不同的情况是不正确的。一般认为，意识和无意识是朝同一个方向并行不悖的，二者之间没有明显的分界线，我们要探究的不过是它们协同作用的目的。如果不揭示整体联系，不可能区分什么是有意识，什么是无意识。我们在前面讨论过人格原型，从那里可以看出这种联系。

有个案例可以反映意识与无意识之间的紧密联系。一个40岁的已婚男子备受一种冲动的困扰：他总是想从一扇窗户跳出去。他一直跟这种冲动做斗争。除了这点，其他方面都挺好：他有朋友，工作不错，婚姻生活也愉快。这个案例令人费解，只能从意识与无意识的协同作用的角度来解释。在意识层面，他感觉自己非从窗户跳出去不可，然而他平安地生活着，跳窗这个举动连试都没有试过。之所以会这样，是因为他的生活另有一面在起重要作用，即与自杀冲动相抗衡的一面。这个无意识层面与意识层面相互作用的结果是这个男子胜出。在"人生风格"上，他是征服者，实现了优越感的目标。读者也许会问，既然他有自杀的意识倾向，怎么算是优胜者呢？答案是，在他的生命里有某些因素在遏制自杀的倾向，他在这场较量中取胜了，成为征服者和优胜者。客观上说，他因为脆弱才要力争优越感，在某些方面感到自卑的人经常会表现如此。重要的是，在这场个人战斗中，他力求优越感，努力活下去、克服困难，他在这方面的力量战胜了自卑感和自毁的冲动，尽管后者处在意识层面而前者处在无意识层面。

让我们来分析这个男子的人格原型的发展，看结果能否证实我们的理论。我们来看看他的童年记忆。小时候，他上学不愉快，因为他不喜欢别的男孩，总是想躲开他们，但是他还是鼓起勇气去面对，和他们相处。我们可以看到，他努力克服自己的弱点，直面问题而且克服了问题。

分析这个患者的性格，我们看到，他的一个人生目标就是克服恐惧和焦虑，在这个目标中，他的意识与无意识结合为一。不把意识与无意识看作统一体的人可能会认为这个男子并没有获得优越感，也没有成功克服障碍，而只不过是个野心勃勃的人，想挣扎斗争，但内心深处其实是个懦夫。这样的观点是错误的，因为没有考虑个案的全部事实，也没有从人是一个统一体的角度来解读。假如我们不确信人是一个统一体，那么我们整个心理学对个体的认识以及在这方面的努力都是徒劳无果的。如果我们预先假定意识与无意识是互不关联的两个方面，就不可能把人看作一个完整的实体。

除了把个体看作一个统一体，我们还要把个体放到社会关系的背景中。孩子刚出生时弱小无助，必须由别人来照顾。要理解一个孩子的人生风格必须同时考虑在他身边给予照顾、扶持的人。孩子和母亲以及家庭紧密相连，如果我们只局限于分析孩子的物理存在，是理解不了这些社会关系的。孩子的个体性不仅与个体自身紧密联系，还涉及所有的社会关系。

适用于分析孩子的方法某种程度上也适用于分析成人。孩子因为弱小，所以需要生活在家庭这个集体中；同理，成人也因为自身的弱小而需要生活在社会群体中。任何人都会在某些情况下感到力所不能及，觉得仿佛被生活的困难所吞没，独力难支。因此人类最强烈的心理趋向之一是群聚而居，每个人都是社会的一员，而非单独生存的个体。社会生活无疑大大帮助个人克服了情感上的匮乏和自卑感。动物亦是如此，弱小的物种总是群居的，通过集体的力量来满足个体所需。一群水牛能抵御狼的进攻，而一头水牛就不可能，牛群头挨头，踢踏蹬甩，直到转危为安。猩猩、狮子、老虎独来独往，因为大自然赋予它们自我保护的本领。人类不具备这些动物的惊人力气，也没有它们的尖牙利爪，不适合离群索居。由此可见，社会生活的根源在于个体的弱小。

由于人必须群居，我们不应期待社会中每个人的能力天赋都是相同的。一个合理均衡的社会应能互补社会成员的能力。这一点很重要，否则我们就会完全根据遗传来的能力来评判一个人的价值。一个人独自生存可能会面临某些方面的能力匮乏，要是生活在一个组织合理的社会，这些不足就能得到弥补。

　　假设个体能力的不足都是天生的，那么心理学的目标就是训练一个人与他人和睦相处，以弥补自身的缺陷。社会发展史也就是人类怎样合作以弥补存在缺陷和不足的历史。我们都知道，语言是一项社会发明，但很少有人意识到个体的缺陷是这项发明的根源。儿童的早期行为证明了这个事实。当需求得不到满足时，孩子就会通过某种形式的语言引起别人注意。如果一个孩子不需要吸引注意，那他就完全不必尝试去说话。在孩子出生的头几个月就是如此，母亲满足了他所有的需求，孩子不需要说话。在有些案例中，孩子直到 6 岁才说话，因为之前没有这个必要。一个父母是聋哑人的孩子也说明了这个道理，摔倒受伤的时候他会哭，但没有哭声，因为他知道父母听不见，哭出声没有用，因此他只摆出哭相，引起父母的注意。

　　由此可见，我们一定要从个体所处的整个社会环境来考察某些事实，一定要结合社会环境才能理解个体所选择的某个特定的"充满优越感的目标"。同样，研究社会适应不良的个案时也要考察个体的社会环境。很多人在社会适应方面有障碍，是因为无法通过语言跟其他人正常交往。口吃者就属于这种情况。经研究，我们会发现，口吃者童年时就没有很好地适应社会，他不参与集体活动，不需要同学和朋友。语言的发展离不开交际，但口吃者不想跟人打交道。在口吃者身上其实有两种心理倾向：一种倾向是要与人交往，另一种则促使他们自我孤立。

没有交际生活的成年人缺乏当众发言的能力，经常怯场，因为他们把观众视为敌人。当面对一群似乎来者不善、咄咄逼人的观众时，他们会感觉自卑。只有当一个人对自己和观众都有信心的时候才能演讲得好，才不会怯场。

自卑感和社会适应力训练是紧密联系的。正因为自卑感产生于社会适应不良，训练社会适应力就成了克服自卑感的基本方法。

社会适应力训练与常识之间也有直接关系。当我们说人们依据常识来解决困难时，我们想到的"常识"是社会群体聚集起来的智慧。而正如我们在前面讲到的，那些使用只有自己才能懂的语言、完全依据个人的理解来行事的人是不正常的，精神失常者、神经症患者和罪犯都属于此类。这些人对其他人、组织机构、社会规范毫无兴趣，而这些事物恰恰正是他们的解救之道。

对待这些人，我们的任务是引起他们对社会事物的兴趣。有神经症的人觉得只要自己表现出善意，就心安理得了。可是，光有善意是不够的。我们必须让他们明白，实实在在的成就和付出才是对社会有意义的。

尽管人人都会有自卑感，都力求克服它，但由此而认为每个人都是一样的则是不对的。自卑感与优越感是支配人的行为的普遍条件，但除此之外，每个人的体力、健康和生活环境都不同。因此，在同样条件下，个体犯的错误也各不相同。观察孩子我们就会发现，不存在一个完全固定和正确的反应方式，孩子都以各自的方式回应环境。他们都努力追求更好的人生风格，但都是以自己独一无二的方式进行着，错误是自己的，成功的途径也是自己的。

　　来看一些个体的差异和独特性。比如左撇子的孩子，有些孩子可能一辈子都不会知道自己是左撇子，因为他们如此精心地训练自己的右手。刚开始他们的右手很笨拙，因此他们被训斥、批评、嘲笑。嘲笑孩子是不对的，应该鼓励他们左右手同时训练。其实，一个孩子是不是左撇子，在摇篮时期就可以看出来了，左撇子婴儿的左手动得比右手多。长大一点儿之后，一方面这个孩子可能会觉得右手不灵活是个负担，而另一方面又更注意使用右手和右臂，比如用右手来绘画、写作等。从那以后，左撇子孩子比普通孩子锻炼得更多，这不足为奇，因为这些孩子不得不主动培养自己的兴趣。也就是说，身体的不完美促使他们更用心地锻炼自己。对于培养艺术才能来说，这是极大的优势。处在这种情况下的孩子通常充满雄心，努力克服自己的弱点。然而，如果奋斗过程很艰苦，他会羡慕或妒忌其他人，自卑感就变得更深，比正常情况下的自卑更难克服。一个总是在挣扎奋斗的孩子可能会变得争强好胜，或长大成人后变得如此，拼搏的同时脑子里带着一个固定的想法，即自己不可以笨手笨脚、不可以有缺陷。这样的人会活得比别人累。

孩子会遵循自己在四五岁时形成的人生原型，据此努力、犯错与发展。每个人的目标各有不同。有的孩子想成为画家，有的孩子却只希望能远离这个自己适应不良的世界。旁观者或许知道他应怎么做才能克服自己的不足，但当事者却不自知。况且一般而言，很少有人能用正确的方式来对孩子说明事实。

很多孩子的眼睛、耳朵、肺或胃有缺陷，我们发现，他们的兴趣点受这些器官引导。有个奇特的案例：一个男子只是在晚上下班回家之后才犯哮喘。他45岁，已婚，工作职位不错。当被问到为什么总是在晚上下班回家之后才犯病，他解释说："你知道，我妻子是个非常喜欢物质生活的人，而我却很理想主义，我们俩合不来。回到家我喜欢安静，享受在家的时光，但我妻子喜欢出去交际，抱怨待在家里。久而久之我的脾气就变坏了，开始喘不过气。"

为什么这个男子会呼吸困难？为什么不是呕吐？真相在于，他的人格原型使他有这种表现。小的时候，因为身体有某方面的问题，他不得不缠着绷带，紧紧缠绕的绷带让他喘不过气，苦不堪言。但是他有个疼他的保姆，经常坐在身旁安慰他，所有心思都放在他身上，却不在乎她自己。于是男孩就有一个印象，即总会有人来哄他开心、来安慰他。4 岁的时候，保姆离开他去结婚了，男孩送她到火车站，一路上痛哭流涕。保姆走之后，他对妈妈说："保姆走了，这个世界对我来说再也没有意义了。"

　　我们可以看到，这个男子成年后仍然像他在人格原型初成的时候那样，总是在寻找一个能哄他开心、安慰他、只关心他一个人的理想对象。他的问题不是空气稀薄导致喘不过气，而是没有人随时随地哄他、宽慰他。当然了，找到一个总能逗自己开心的人是不容易的。这个男子总是想操控局面，哮喘在某种程度上能帮他这个忙。当他喘不过气时，妻子就不会出去看戏或见朋友，他就达到"充满优越感的目标"了。

在意识层面，这个男子一贯行事得体，但他有征服的欲望，他想让妻子从物质主义者变成他所说的理想主义者。我们应该质疑，这个男人的实际动机与表面不符……

我们经常发现，视力不好的孩子对可视的事物分外感兴趣，并培养出了敏锐的观察力。大诗人古斯塔夫·弗赖塔格视力散光，但他成就非凡。很多诗人和画家视力都不好，而这个缺点使他们更关注可见的事物。古斯塔夫谈到自己时这样说："因为眼睛跟别人不一样，我不得不利用和训练我的想象力，我不知道这是不是有助于我成为一个出色的作家，但不管怎么说，视力欠佳使我在幻想的世界里比别人在现实世界中看得更真切。"

在分析天才们的特质时，我们经常发现他们有视力障碍或其他缺陷。在各个时代的历史故事里，甚至连神都有身体缺陷，比如一只眼睛失明或双目失明。有些天才接近失明，但比一般人更能分辨线条、阴影、色彩的差别。这一点说明，对于那些受器官缺陷困扰的孩子，假如我们能恰当地了解他们的问题，我们就可以对症下药。

有些人比一般人更关心食物，时刻不停地讨论什么他们能吃、什么不能吃。这些人童年时一般都在吃饭方面有困扰，因而比一般人对这个问题更感兴趣。或许他们有一位谨慎的妈妈会不停告诉他们可以吃什么或不可以吃什么。为了克服胃的缺陷，他们不得不训练自己，因此对三餐吃什么极其关心。日夜琢磨食物的结果是他们很可能会厨艺高超，或成为美食专家。

不过，肠胃虚弱的人有时会寻找食物的替代品。有的人用金钱替代，这些人最后要么是吝啬鬼，要么是擅长赚钱的银行家。他们往往会无比努力地累积财富，日夜训练自己以达目标。他们无时无刻不琢磨自己的生意，这一点有时能使他们比同行具有更大的优势。有趣的是，我们经常听说有钱人有胃病。

在谈到身体与心理的此类关联时，让我们再次重申：某个特定的缺陷不一定导致相同的结果。身体缺陷与不良的人生风格之间没有必然的因果关系。对身体上的毛病，我们经常通过适当的营养来治疗，从而部分消除生理症状。但导致坏结果的并不是身体缺陷本身，而是患者的态度。正因为如此，个体心理学家不认为单纯身体缺陷会直接导致心理障碍，个人对待身体状况的错误态度才是问题的核心。所以，个体心理学家试图培养一个人在其人格原型发展期努力去克服自卑感。

有时我们会看到一个人总是不耐烦，迫不及待地想要战胜困难。那些一刻都闲不住、脾气暴躁、激情四射的人，我们都可以认定他们有强烈的自卑感。知道自己能克服困难的人是不会没有耐性的，但从另一方面来说，他无法完成他该做的事。孩子傲慢、鲁莽、好斗，也是因为他有强烈的自卑感。针对这些案例，我们的任务是要找到原因，即他们遇到的困难，以便对症下药。我们一定不能因为他们在原型的人生风格中犯下的错误而批评或惩罚他们。

我们可以从一些很特别的方面看出孩子人格原型的特质，比如不同寻常的兴趣爱好，为了超过别人而做了精心的计划和努力，或者有了充满优越感的目标。有一类人，在行动和表达上均表现出不自信，尽可能地排斥其他人，不愿意面对新情况，喜欢待在自己有把握的小圈子里。不论是日常生活、在学校还是在社会上都是如此，他渴望在自己那个小地盘里做出大成绩，实现充满优越感的目标。我们可以在很多人身上找到这样的特征，他们忘了，一个人要取得成绩，必须准备好迎接任何情况、面对任何事情。如果你不跟某些情况、某些人接触，你只能依靠片面的个人智慧来做判断，这是不够的。一个人需要各种社会交往与常识来更新自己的认识。

一个哲学家如果想有所建树，不能总和别人吃饭应酬，他需要长时间独处，整理思想，并运用正确的研究方法。但做完这些工作之后，他就必须通过社会接触来提升自我，这是他成长的一个重要部分。当遇到类似的人，我们必须记住他有上述需求。我们也必须记住，他可能有价值，也可能无价值，因此我们应该小心区分有用的行为与无用的行为。

整个社会进步的关键在于一个事实：人们总是努力寻找能让自己脱颖而出的环境。深感自卑的孩子会排斥比自己出色的孩子，而去跟那些他们可以控制驾驭的孩子玩。这种行为是自卑感的反常病态表现。有自卑感不要紧，要看其程度和性质，意识到这一点很重要。

不正常的自卑感被称为"自卑情结"，然而对于这种渗透进整个人格中的自卑感，"情结"并不是一个恰当的词。它不仅仅是"情结"，而几乎是一种"疾病"，其破坏力依环境不同而有所差别。有时我们察觉不到一个在工作中的人有自卑感，因为他对工作有把握。但在跟人打交道或者对待异性方面，他可能就不那么自信了，这时我们就能发现他真实的心理状况了。

人格原型中的缺陷在紧张和困难的情况下表现得尤为明显。正是在困境和新环境中，人格原型才被充分暴露。事实上，困难的情况通常都是以前没碰到过的新情况。因此，在一个新的社会环境中可以看出一个人的社会兴趣的程度，正如我们在第一讲里谈到的那样。

把孩子送到学校去，在那里我们能观察到他的社会兴趣是怎样的，就好像把他放到普通的社会环境中一样。我们要看孩子是跟同学打成一片还是躲开。如果我们看到孩子过分活跃、狡诈、机灵，一定要研究他们的心理，从中寻找原因。如果我们看到有些孩子只是在某些条件下才主动或者犹犹豫豫，我们要留心了，这些孩子长大后在社会上、在生活和婚姻方面同样会表现出这样的特点。

我们常常听到有些人说"我可能会这样做""我可能会接受那份工作""我可能会跟那个人斗一斗，不过……"，这些话都反映出他们的自卑。当我们从这个角度解读时，就能重新理解他们的某些感受，比如迟疑。一个犹豫多疑的人永远都会迟疑，什么事也做不成。而当一个人决绝地说："我不会的。"他很可能会言出必行。

心理学家只要仔细观察，就会发现人们身上的矛盾表现，这些矛盾可以看作是自卑感的信号。在处理个案时，我们也要观察个体的行为。自卑者跟人接触的方式可能很糟糕，我们要特别留意他们接近别人时的动作和步伐是否犹豫。这种犹豫不决在其他生活环境里也会表现出来。很多人是向前迈一步，又后退一步，透露出内心强烈的自卑感。

　　我们的任务是要帮助这类人通过训练抛开犹豫迟疑的态度。一个合理的治疗方法是多加鼓励，一定不能打击士气。要让他们明白自己有能力面对困难、解决问题。这是建立自信的唯一方法，也是治疗自卑感的唯一途径。

第三讲

优越情结

优越情结是带有自卑情结的个体用来逃避困难的一种方式。他自以为战胜了困难，其实并没有，这种虚假的成功使个体无法忍受的自卑感得到了补偿。

我们在上一讲讨论了自卑情结以及它与普通自卑感之间的关系。每个人都有自卑感，但每个人都在努力与之抗争。这一讲我们来看自卑情结的对立面——优越情结。

我们已经看到，个体生活中的每种心理症状都是在发展变化的，因此，可以说心理症状都有过去和未来。未来代表着奋斗和目标，而过去则代表要努力克服的自卑和不足。因此，在研究自卑情结时，我们关注的是症状的开端，而研究优越情结时，我们关注的则是症状的连续发展。此外，这两种情结还是自然相连的。

假如我们在某些个案中发现自卑情结的背后或多或少地隐藏着优越情结，我们不应该感到诧异。反过来，探究优越情结及其持续变化时，我们总能发现里面隐藏着或深或浅的自卑情结。

当然，我们要注意的是，在"自卑"和"优越"之后加上的"情结"一词，无非是用来形容程度更深的自卑感和优越感。自卑情结和优越情结这两种相对立的心理趋向同时存在于一个人身上看似矛盾，但当我们从情感的意义上来理解"情结"的含义时，就明白这两者之间其实并不矛盾。优越感和自卑感都是正常的心理感受，它们是天然互补的，如果不是对现状感到不满，我们就不会力争成为优胜者并取得成功。

既然这两种所谓的"情结"都是由自卑感和优越感这两种自然的心理情感发展而来的，它们同时存在于一个人的身上就是不矛盾的，正如一个人会同时有自卑感和自尊感一样。

人总是不停地追求优越感的，事实上，这构成了个体的基本心理状态。我们在前面说过，生命总是力求达到某种目标或状态，而这一点正是通过追求优越感来实现的。人生就像一条奔腾的溪流，其所经之处，能带走的东西都被统统带走。有些孩子懒洋洋的，不太爱活动，对什么都不感兴趣，好像他们一直是安安静静的。但是我们又发现，这些孩子其实都渴望优越感，他们会说："如果不是这么懒，我也许能当总统。"也就是说，他们的努力是有条件的。他们自视颇高，认为假如某些条件存在，他们会大有作为。这当然是虚妄，是幻想。不过我们也知道，人类经常满足于幻想，那些缺乏勇气的人尤其如此，他们在幻想中志得意满。他们意志不够坚强，所以总是想绕道而行，逃避困难。逃避使得他们觉得自己比实际上更强大、更聪明。

我们发现，偷东西的孩子被优越感所困。他们以为自己骗过了别人，别人不知道他们偷了东西，不费吹灰之力就有钱花了。这种优越感在罪犯身上也很明显，他们都觉得自己是过人的英雄。

我们之前从另一个角度讨论过罪犯的这个特点：把犯罪看作英雄之举完全是个人编造的逻辑，既不符合常识，也缺乏社会意识。一个杀人凶手觉得自己是英雄，完全是自以为是。实际上，他想方设法逃避生活问题，欠缺勇气。犯罪是优越情结在作祟，不是一个人骨子里就邪恶。

在神经症患者身上我们能看到类似的症状。有些人受失眠折磨，白天不能应付工作。失眠导致他们认为不应该要求他们去工作，因为失眠让他们没有取得应得的成绩。他们会抱怨说："如果能睡好觉，我有什么干不成的呢？"

在那些焦虑的抑郁症患者身上也能看到这种特点。焦虑使他们像暴君一样对待周围的人，实际上他们把焦虑变成支配别人的工具。他们随时都要人陪伴，去哪儿就要陪到哪儿，陪伴的人被迫按照抑郁症患者的要求去生活。

忧郁、精神失常的人往往是家里的注意力中心。在他们身上我们看到自卑情结的威力。他们总是抱怨自己脆弱无力、日渐消瘦，但实际上他们是一家人里最强悍的，其他健康的人都被他们统治着。这丝毫不奇怪，在我们的文化里，脆弱者可能相当强大。（事实上如果我们自问，在我们的文化里谁是最强的人，一个合理的答案会是：婴儿。婴儿支配其他人，但没有人支配他们。）

让我们来分析一下优越情结和自卑情结之间的联系，比如来看看有优越情结的问题儿童。这些孩子鲁莽、傲慢、好斗，总是想显得比实际的自己要强大。我们都知道，喜欢发脾气的孩子想通过这种"突袭"来控制别人。他们为什么会这么粗暴？因为他们不确定自己是否有能力达到目的，他们自卑。爱吵架、咄咄逼人的孩子都有自卑情结，都想克服这种情结。他们的行为就好比高高地踮起脚尖，尽可能让自己显得高大强势，想通过这种简单的方式获得成就感、自尊和优越感。

我们要为这类孩子找到治疗方法。他们之所以如此表现，是因为他们不明白生活的联系性，看不到事物遵循的自然规律。我们不能因为他们看不到这一点而斥责批评他们，如果我们质问他们，他们总是会坚持说自己非但不自卑，还很有优越感。所以我们必须友好地跟他们解释我们的观点，慢慢让他们明白。

一个人爱炫耀只是因为自卑，因为他觉得自己没有能力在积极有用的事情上跟别人竞争，因而选择在消极无用的事上炫耀。这样的人与社会格格不入，不能适应社会，不知道如何解决交际问题。进一步了解就会发现，他在童年时跟老师和父母就处不来。对于这类个案，我们要认清实质情况，并设法让孩子明白。

神经症也是自卑情结和优越情结的联合作用。神经症患者频繁地表达自己的优越情结，但看不到自己的自卑情结。有个强迫性神经症患者的个案很典型。有个小女孩和她的一个姐姐关系密切，这个姐姐可爱迷人，深得赞赏。这一点从案例分析的一开始就很重要。一个家庭里如果某个成员比其他人优秀，后者就要吃苦，不论这个人是爸爸、妈妈还是某个孩子，都会是这样。家里的其他成员面临的艰难处境，有时会达到无法忍受的程度。

我们会发现，这个家庭里的其他孩子都有自卑情结，并且都会逐渐滋生优越情结。只要他们在关心自己利益的同时也关心别人，那他们就能满意地解决生活中的问题。但假如他们的自卑情结太重，他们会感觉自己仿佛生活在一个敌国，只为自己的利益奔忙，不顾及他人，从而缺少应有的公共意识。他们在应对社会生存问题时的内心感受对解决问题没有帮助。于是他们会转向生活消极无价值的一面寻求解脱。我们知道这不是真正的解脱，但不去自己解决问题，而依赖别人，看起来似乎就像已经解脱了。他们就像乞丐一样，依靠别人帮助，心安理得地利用自己的弱势。

当个体——不论是孩子还是成人——感觉自身弱小时，便不再对社会感兴趣，转而努力去获得优越感，这似乎是人性中的一个特质。他们想通过这种方式解决生活问题，实现个人的优越感而无须表现出一点儿社会兴趣。一个人只要在个人实现优越感的努力中加入社会兴趣，他就是处在了生活的积极层面上，就会有所成就；但如果他缺乏社会兴趣，他就没有真正准备好解决生活问题。正如我们前面说过的，这类人群包括问题儿童、精神失常者、罪犯、自杀者等。

说回刚才的案例。这个女孩生活在一个没有优势的环境里，感觉自己受到限制。假如她有社会兴趣，认识到我们前面所说的社会兴趣对个人成长的意义，她的发展方向就可能大为不同。她后来开始学习音乐，准备当音乐家。可是她不停地想起那个得宠的姐姐，慢慢陷入自卑情结。自卑情结使她总是神经紧绷，音乐之路也因此受阻。她20岁的时候，姐姐结婚了，她也想结婚，这样可以跟姐姐比。于是她陷得更深，离健康、有价值的生活方向越来越远。她觉得自己是个非常糟糕的女孩，拥有把别人送进地狱的神秘力量。

这种想法体现了女孩的优越情结。可是她又为拥有这种"神秘力量"而发牢骚，就像我们有时听到有钱人抱怨做富人的命运很糟糕一样。这个女孩不仅觉得自己拥有把别人送进地狱的上帝般的神秘力量，有时她也觉得自己有能力且应该拯救这些人。当然这两种想法都是荒谬可笑的，但正是通过这种虚幻的想象，她让自己相信她拥有一种比姐姐要强大的力量。她只能在这场游戏里打败姐姐。于是她抱怨自己有这种神秘力量，抱怨得越多，就越像真的拥有这种力量。

假如她对自己的幻想置之一笑，那么，宣称自己拥有神秘力量就会变得值得怀疑。她只有在抱怨中才能对自己的命运满意。从这里我们看到，优越情结有时相当隐蔽，不易辨认，事实上它作为自卑情结的补偿而存在着。

我们现在来看看那个姐姐的情况。姐姐一度非常得宠，因为她是家里唯一的孩子，全家的中心，她被百般溺爱。三年之后妹妹出生了，姐姐的处境被彻底改变了。以前家里只有她一个孩子，她是家人的焦点，现在却突然被挤出了有利的环境。于是她变成了好斗的孩子，不过只有当伙伴比她弱小的时候她才打人。爱打架的孩子不是真的勇敢，他们只欺负弱小者。如果周围的人都很强，他们就不好战了，而是急躁易怒，或者沮丧抑郁。这样一来，在家里就更不受青睐。

一方面，在这种情况下，大孩子觉得家人不像以前那么爱自己了，家人态度改变的种种表现在她眼里愈加证明了自己的想法。她认为妈妈是罪魁祸首，因为是妈妈把妹妹带到家里来的。因此她把妈妈定为袭击目标，这毫不奇怪。

而另一方面，新出生的婴儿处在优势位置。跟所有婴儿一样，大家欣赏她、爱抚她，她不需要努力做什么，也不用争斗就能得到这一切。婴儿肌肤柔嫩、甜美天真、人见人爱，进而成为全家的焦点。有时温顺会成为征服他人的武器。

现在我们来分析一下这种可爱、柔软和友善是否能帮助一个人往积极有价值的人生方向上发展。我们预先假设，婴儿因为受宠而听话、顺从，但我们的文化不赞赏被溺爱的孩子。有时父亲意识到孩子被宠坏了，从此不再娇纵孩子。有时是学校改变了孩子被溺爱的状况。这种孩子的受宠地位总是岌岌可危，因此被娇惯的孩子会自卑。这些被溺爱的孩子只要还处在优势地位，我们就察觉不出他们有自卑感；而一旦不利于他们的情况出现，这些孩子要么心理崩溃，要么抑郁沮丧或渐渐形成优越情结。

优越情结和自卑情结有一个共同点，即它们都在消极无用的人生层面上。我们找不到任何一个傲慢无礼、有优越情结的孩子是处在积极健康的人生方向上的。

被娇惯的孩子上学之后就不再处于优势地位。从那以后，他们在生活上就犹犹豫豫、一事无成。前面案例中的那个小女孩就是这样。她开始学习缝纫、钢琴等，但坚持不了多久就放弃了，同时她对交际失去兴趣，不想出门，忧伤抑郁。她觉得姐姐性格更讨人喜欢，自己活在她的阴影之下。她的犹豫态度使她变得更脆弱，性格变得更差。

长大以后，她在工作问题上依旧优柔寡断，一事无成。虽然她想跟姐姐较量一下，但她在爱情和婚姻方面同样犹豫不决。到了 30 岁时，她和一个患肺结核的男子在一起了。这个选择自然遭到她父母的反对。不用她亲自断绝关系，她父母就已经阻止他们继续来往，这个婚没结成。一年之后，她嫁了一个比自己大 35 岁的男子。这个岁数的男子在一般人看来并不是好丈夫的最佳人选，而这桩不是真正婚姻的婚姻，也就没有了意义。

我们经常看到有人跟比自己年长很多的人结婚，或者爱上那些不能跟他们结婚的人——有夫之妇或有妇之夫，这些都是自卑情结的表现，一旦婚姻或恋爱关系遇到阻碍，他们就会露出怯弱来。这个女孩无法在婚姻上实现优越感，就转向了别的事情。

她强调这个世界上最重要的事情是责任。她总是不停地洗手，不管接触到什么人、什么物件，她都要去洗手。这样一来，她完全与世隔绝了。其实她的手也干净不到哪儿去，原因很明显：由于不停地洗手，皮肤变得粗糙，更容易积攒灰尘。

　　这一切看来都是自卑情结所致，可是她却觉得自己是世界上仅有的纯洁无瑕的人。她喋喋不休地批评别人，因为别人不像她那样疯狂地洗手。因此，她的生活就像在演一出荒唐的哑剧。她总是想成为最出色的人，在幻想虚构的世界里她的确做到了——她是世上最纯洁的人。我们看到，她的自卑情结变成了极其明显的优越情结。

　　我们在那些自认是耶稣基督或君主的自大狂们身上也能看到同样的现象。这样的人活在人生的消极层面上，把幻想的角色当作真的来演，与世隔绝。研究他们的过去经历，我们会发现他们都有自卑感，渐渐形成无价值的优越情结。

　　有这样一个案例。一个 15 岁的男孩因为幻觉住进精神病院。那时第一次世界大战还没爆发，他幻想奥地利皇帝已经去世，事实上根本没有。他声称梦见皇帝要求他率领奥地利军队与敌人作战——可他只是一个小不点！有人把报纸拿给他看，上面刊登了皇帝在城堡暂住或亲自开车出门的消息，男孩还是不信，坚称皇帝已经去世，而且给他托梦了。

那个时期，个体心理学尝试探究一个人的睡姿在多大程度上反映了他的自卑感或优越感，这方面信息也许有实用价值。有的人睡觉时用被子蒙住头，身体蜷缩起来像刺猬一样，这种睡姿暗示他有自卑情结。这样的人我们会认为他是勇敢的吗？或者反过来看，一个笔直站立的人，我们会认为他在生活中是不堪一击、低头弯腰的吗？他给人的印象是不仅身姿笔直挺拔，个性也是刚直坚强的，而睡觉时也应表现如此。观察发现，睡觉时俯卧的人都很顽固、爱吵架。

刚才说到的那个男孩，心理学家尝试研究他清醒时候的行为和睡姿之间的关系，发现他睡觉时双臂交叉放在胸前，像拿破仑一样。我们都见过拿破仑的画像，他的手臂就是这样放的。男孩第二天醒来的时候，医生问他："这个姿势让你想起你认识的一个人吗？"他回答说："我的老师。"这个发现一开始让人费解，后来有人提出也许他的老师恰恰就像拿破仑一样。事实证明的确如此。这个男孩非常喜欢这个老师，也希望长大后当一名老师，可是家里没有钱供他上学，让他到餐馆打工。餐馆的客人都嘲笑他个子小，他忍无可忍，想方设法摆脱这种羞辱感。可是他最后逃进了消极无用的面向。

现在我们能很好地理解这个男孩的案例。一开始，他因为个子矮小被餐馆客人嘲笑而产生自卑情结，但他不断努力去克服自卑情结。他想当老师，但梦想受挫，于是他转向生活的消极面寻找优越感，并且在睡梦中成了一个优胜者。

我们看到，充满优越感的目标可能是积极有益的，也可能是消极无用的。比如一个人乐善好施，可能说明这个人社会适应能力良好、乐于助人，也可能只是因为他喜欢自吹自擂。心理学家遇到过很多喜欢说大话的人，他们的主要追求就是吹嘘炫耀。有一个男孩在学校并不优秀，甚至糟糕到逃学、偷东西的地步，但他总是自吹自擂。

自夸是因为有自卑情结,这个男孩希望在某方面有所成就,哪怕仅仅是满足一下廉价的虚荣心。他偷别人钱,买鲜花和礼物送给妓女。有一天,他千里迢迢开车到一个小镇上,在那里雇了一辆六匹马拉的车,堂皇铺张地穿街走巷,可是很快就被逮捕了。这种种行为都表明,男孩费尽心思想显得比别人了不起,也比真实的自己要了不起。

在犯罪者身上我们也可以看到类似的心理趋向,即喜欢走成功的捷径,在前面我们讨论过这一点。前段时间,纽约的报纸报道过一个入室抢劫犯,他闯进一些女老师的家,还和她们交谈。他告诉这些老师,她们不知道诚实地干普通的工作是多么艰难,而进屋抢劫比工作容易多了。这个男子逃避现实,投向了生活的负面,在打家劫舍这条路上渐渐形成某种优越情结。他觉得自己比那些女老师强大,特别是他有枪,而她们没有。

难道,他没有意识到自己其实是个懦夫?我们知道,他其实就是个懦夫,他为了摆脱自卑情结而转向生活消极无益的一面。他自以为是英雄,其实他是个胆小鬼。

有些人最后会选择自杀，他们希望通过这种方式把生活难题连同整个世界一股脑儿统统抛掉。他们显得对生活满不在乎，并由此获得优越感，但实际上他们非常懦弱。我们知道优越情结只是心理发展的第二阶段，它是自卑情结的补偿。我们一定要看到这两者的天然联系。

　　我们在前面说过，这种联系看似矛盾，其实是人的天性所致。一旦找出这种联系，我们就能同时治疗自卑情结和优越情结。

　　在结束讨论自卑情结和优越情结这两大主题之前，有必要简单说说这些情结与正常人的关系。我们讲过，每个人都有自卑感，但自卑感不是一种病。相反，自卑感能激励一个人以健康、正常的方式去奋斗、成长。只有当自卑感严重到个体承受不了的地步，它才会非但不能激励个体从事有益的活动，反而使他情绪低落、失去成长的能力，这时自卑感就成了一种病。优越情结是带有自卑情结的个体用来逃避困难的一种方法。

　　他自以为战胜了困难，其实并没有，这种虚假的成功使个体无法忍受的自卑感得到了补偿。正常人一般没有优越情结，甚至连优越感都没有。我们每个人都有获得成功的愿望，从这个意义上来说，正常人都力求超越现状。只要这种追求体现在工作上，就不会导向错误的价值观，而错误的价值观正是精神疾病的根源。

第四讲

人生风格

同样一个环境，兔子的反应跟狼和老虎都不同，不同的个体对外界的反应也各不相同。

观察一棵生长在山谷里的松树，我们会发现，由于生存方式大相径庭，它跟生长在山顶上的松树不同。一棵树有它的"人生风格"，体现着这棵树的独特性，这种独特性由环境塑造而成。当一棵树的生长环境与我们通常预料的不一样，我们马上就能识别出它的奇特之处，因为每棵树都有自己的生长模式，并不是机械地对环境做出反应。

人类的生命过程与此类似，特定的环境条件塑造特定的人生风格。我们的任务是要分析人生风格与环境的关系——环境改变，人的思想也随之改变。当一个人处在顺境中，我们不容易看清他的人生风格；但当新情况出现，面临困难考验，人生风格就会鲜明地显现出来。训练有素的心理学家能看出一个人的人生风格，即使他出生在顺境中，也能看出来。要是这个人置身逆境或困境中，他的人生风格就会被看得一清二楚了。

生活不是一场玩耍的游戏，时时处处都会遇到困难，人总要不断面临困境的考验。我们要研究的正是一个人在逆境中表现出来的有别于他人的行为以及清晰鲜明的性格特点。我们在前面讲到，人生风格是个统一体，它的形成源于童年时遇到的困难以及为实现目标而做的努力。

但是，相比于一个人的过去，我们更感兴趣的是他的未来。要预知一个人的未来，我们必须先认识他的人生风格。即使我们了解了本能、外部刺激、驱动力等心理因素，仍然无法预料未来一定会发生什么。有些心理学家试图通过观察个体本能、印象或创伤来得出结论，但再深入分析就会发现，所有这些因素的前提假设都是一个人的人生风格是不变的。因此，无论是什么样的外部刺激，都只是促使一个人去保持或调整他的人生风格。

人生风格这个概念如何与我们前面的讨论相联系呢？前面我们谈到过，有器官缺陷的人由于面临困难和没有安全感会产生自卑心理或自卑情结，但人是不会长期忍受自卑状态的，自卑感必然激发其采取行动，于是人们就有了目标。个体心理学把为实现目标而进行的持续活动称为"人生计划"。由于这个名称有时会导致学生误用，我们改称其为"人生风格"。

由于个体都有人生风格，有时仅仅通过交谈、提问就可以预知一个人的未来。这就好比观看一部话剧的第五幕，之前所有的谜团在这里都会解开。我们之所以能预知，是因为我们了解人生的各个发展阶段、会面临的困难和困惑。有些孩子总是远离他人，有些总是寻求别人的帮助，有些被溺爱，还有些处事犹豫不决。凭借经验和对一些事实的掌握，我们可以预测将来这些孩子会过得怎么样。如果一个人的目标就是依赖别人的帮助，他的生活会是什么情形呢？他必然凡事都犹豫不决，迟迟不解决生活问题或者干脆逃避。由于无数次目睹类似的情况，我们知道这样的人会放弃解决问题或逃避问题。他不想独立做事，想被人照顾；他企图远离生活中遇到的重大问题，忙碌于那些无意义的琐事，而不去努力地面对有价值的事情。由于缺乏社会兴趣，他有可能沦为问题儿童、神经症患者、罪犯，甚至最后自杀——逃避的终极形式。与之前相比，我们对这些问题更加了解了。

在发掘一个人的人生风格时，我们会用正常的人生风格作为测量标准。我们会以一个能良好适应社会的人作为标准来衡量偏差。

说到这里，我们有必要解释一下如何定义什么是正常的人生风格，以及在此基础上如何理解个体的过失和独特性。但在讨论什么是正常的人生风格之前，我们又应该先说明一点：在人生风格的研究中，我们不把个体分为这样那样的类型。不考虑归类是因为每个人都有各自的人生风格，我们找不到两个一模一样的人，正如我们找不到两片完全相同的树叶。大自然多姿多彩，外部刺激、本能、误差均有无限多的可能，因此不可能有分毫不差的两个人。我们所假设的"类型"只不过是为了更容易理解个体的相似性而设置的概念工具而已。我们假定个体可以归类，然后研究专属每个类别的特性，这样便于我们做出判断。然而在归类的时候，我们不会自始至终都使用同一个标准，哪一种归类方法最方便我们呈现某些个体的相似性，我们就用哪一种。而那些对归类特别认真执着的人，一旦把某一个体定位在了某个类别，就很难再把他归入其他类别。

举例来说，当我们说某类人社会适应能力不足，指的是这类人缺乏社会兴趣，生活单调枯燥。在这里，以社会兴趣作为标准就是一种分类方法，而且可能是最重要的方法。同属缺乏社会兴趣的人群里，有的人只对看得见的事物感兴趣，而有的人的兴趣则集中在口头上，两者大不相同，但他们都不能很好地适应社会，与人交往都有困难。可见，归类不过是为了方便研究而做的抽象归纳，如果我们不意识到这一点，分门别类就可能引起混淆。

现在我们接着讨论以正常人为标准衡量差异这个问题。正常人指的是生活在社会中的个体，他的生活方式顺应社会需要，他的工作能造福社会，不论这些是他的主观追求还是客观结果；在心理上，他具备足够的能力和勇气去应对生活的困难和问题。这两方面物质在精神病患者身上都是看不到的。精神病患者在心理上既不适应社会要求，也无力应付日常生活。我们来看一个案例：

有一个 30 岁的男子，总是在最后关头选择逃避而不是去解决问题。他有一个朋友，但他总是猜疑这个朋友，他们的友谊也就没办法长久，因为对方在交往中感到精神紧张。显然，这个男子到最后会一个朋友也没有，尽管他跟很多人都说得上话。他对交朋友没有足够的兴趣，社会适应能力也不足。事实上他并不喜欢交际，跟别人在一起的时候总是沉默，对此他的解释是他跟别人在一起的时候什么想法都没有，所以也没什么可说的。

这个男子很害羞，说话时会脸红。假如他能克服害羞这个问题，他就能表达得很好。他非常需要有人在这方面帮助他，而不是批评他。当然，他说话时脸红的样子并不好看，邻居都不太喜欢他，他自己也察觉到了，于是他更加不爱说话。可以说，他有这样的人生风格，正是因为他希望自己在社会上与人接触的时候可以得到别人的格外注意。

除了社会生活和交友技巧，他在工作上也有问题。他总是担心自己工作失败，于是他夜以继日地学习，超负荷工作，体力透支。由于过度劳累，他最后没有能力应对工作了。

我们来观察这个男子应对以上两方面生活问题的方式，会发现，他太过紧张，这是严重自卑的表现。他不仅低估自己的能力，在他眼里，其他人都是不友好的，新情况都是有危险的。看他做事的方式，仿佛他的周围都是敌人。

现在我们有足够的信息来描绘出这个男子的人生风格。我们看到，他希望进步，但因为害怕失败而裹足不前，他犹如站在深渊边缘，心惊胆战，疲惫不堪。他在特殊的条件下，才会想方设法向前走。他情愿待在家里，也不肯出去跟人打交道。

这个男子面临的第三个问题是恋爱问题，这也是大多数人不能应对自如的问题。他在接触异性的时候很迟疑，虽然他也希望谈恋爱、结婚，但由于深感自卑，他连想都不敢想。他无法实现他的想法，他所有的行为和态度可以用这几个词概括：是的……但是……他爱上一个女孩，然后又爱上另一个。这种情况在神经症患者身上很常见，因为在某种意义上来说，爱上两个女孩比只跟一个女孩相处要轻松些。这一点有时可以解释为什么神经症患者倾向于一夫多妻或一妻多夫。

现在我们来讨论一下这种人生风格的成因。个体心理学力求找出导致某种人生风格形成的原因。这个男子的人生风格在四五岁的时候就形成了，那时发生的某个悲剧事件造就了他的个性，因此我们要找出这个悲剧事件。我们发现，某件事导致他失去对他人的正常兴趣，使他有了"生活就是一个大难题"的印象，因此与其面对一个又一个困局，不如原地不动。于是他变成一个谨小慎微、犹豫不决的生活逃避者。

有一条信息必须指出：他是家里的第一个孩子。我们前面已经讨论过，最先出生对一个孩子意义重大。老大最初几年是家里的中心，但随着弟弟妹妹得宠，他被迫离开受宠的位置，这时老大的心理就出现了严重的问题。我们在大量的案例中发现，一个人羞怯胆小、害怕前进的原因是他曾被另一个人夺走受宠的位置。在这个案例中，我们不难发现问题所在。

在很多案例中，我们只需向患者问一个问题：你是家里的第几个孩子？从这个问题的回答中我们可以得到所有必要的信息。也可以用另一个截然不同的方法：询问他的童年记忆，后面我们会详细讨论童年记忆。这个方法很有价值，因为童年记忆——那些最早的生活画面——是我们称之为"人格原型"的早期人生风格的构成部分。当一个人述说他的童年记忆时，我们从中可以发现他人格原型的真实部分。每个人在回忆时都会想起某些重要的事情，而能铭刻在记忆中的当然都是重要的。有些心理学派别却刚好相反，他们认为一个人忘记的事情才是关键的。但实际上这两种主张没有多大区别。也许一个人能说出有意识的记忆，但并不知道这些记忆意味着什么，他看不出这些记忆与行为的联系。因此，不论是强调有意识记忆背后隐藏的或被遗忘的意义，还是强调被遗忘的记忆的意义，最终结果都是一样的，哪怕只是细微的描述都能提供丰富的启示。有一个男子回忆小时候妈妈曾带他和弟弟去市场。仅这一点就足够说明问题，我们从中可以看出他的人生风格。他提到自己和弟弟，可见弟弟对他来说很重要。让他继续详细地回忆，情景大约是这样的：那天下雨了，妈妈把他抱起来，可是妈妈又看见了弟弟，就把他放下，抱起了弟弟。由此我们可以看到他的人生风格：他总是预期另一个人会比自己得宠。我们理解他为什么不敢当众说话了，因为他总要环顾四周，看看是不是有人比他更受欢迎。在交友方面也是这样，他总觉得朋友喜欢别人甚于喜欢自己，于是他永远交不到真正的朋友。他总是疑神疑鬼，纠结一些阻碍友谊发展的琐事。

我们也看到，这个男子经历的悲剧阻碍了他的社会兴趣的发展。他记得妈妈抱起弟弟，说明他心里觉得这个小婴儿得到了妈妈更多的关注。他觉得弟弟更受宠，并不断能找到印证这种想法的事例。他真心认为自己的想法是对的，因此他永远活在压力之下，永远都认为有一个人比自己更得青睐，他永远要排除万难才能取得一些成绩。

这个多疑的男子认为他的唯一出路是完全自我封闭，这样他就彻底不用再跟别人竞争，地球上只有他一个人。有时他会幻想整个世界都崩溃了，只剩下他，这样就没人比他更受宠了。可以看出，他尝试一切可能来拯救自己，但他不遵循逻辑、常识或事实，而是选择了猜疑。他生活在一个限制重重的天地里，一心想着逃避，与其他人无任何联系，对别人也不感兴趣。但这不是他本人的错，我们知道，他不是一个完全正常的人。

对于这类个体，我们的职责是要培养他的社会兴趣，社会兴趣是一个社会适应能力良好的人必须具备的。怎样才能培养个体的社会兴趣呢？训练过程中的最大难点是患者往往过度紧张，总是在找事情印证自己的成见。除非有办法深入到他们的人格层面，打破成见，否则不可能改变他们的观念。要做到这点，需要运用一些技巧策略。咨询师最好跟患者不熟悉，与他无直接利益关系。如果咨询师与患者有直接利益关系，研究时考虑的可能是他自己的利益，而不是患者的利益，患者察觉出来之后就不再信任咨询师了。

减轻患者的自卑感很重要。自卑感不可能被根除，而且我们也不想去根除它，因为自卑感可以是一个有用的出发点，我们需要改变的只是目标。我们看到，这个人的人生目标是逃避，因为别人比他受青睐。这一系列想法正是我们要处理的核心。我们必须告诉他，他低估了自己的能力，以此减轻他的自卑感。我们可以指出他的行为上的问题：他太过紧张，好像站在深渊边上，又好像生活在敌人中间，始终处于危险之中。我们还要告诉他，害怕别人比自己受宠的心理阻碍了他发挥自己最大的潜力，也不能给他人留下最好的印象。

假如这个人能在社交聚会上扮演主人的角色，亲切地对待朋友，关心他们在乎的事，让朋友们感觉很愉快，他就会极大地提高自己。然而在真实的交际中，他一般都会感觉很不自在，也没有什么想法，最后他对自己说："这些笨蛋！他们不喜欢跟我在一起，也不会引起我的兴趣。"

这类人的问题在于不理解自己所处的境况，因为他们完全局限于一己之见，欠缺常识。正如我们之前说过的，他们总是感觉处处遇敌，像一只孤独的狼一样活着。这样的生活对于一个人来说是悲剧，是不正常的。

我们来看一个受忧郁症折磨的男子的案例。忧郁症很常见，而且也能被治愈。有忧郁症的人，童年时就有明显的特征。我们发现，很多孩子在接触新环境时显现出忧郁症的迹象。这个案例中的男子有 10 次发病纪录，每次都是在接受新工作岗位的时候，但只要待在原岗位他就没事。他不愿意出门跟人打交道，还总想支配别人。他没有朋友，50 岁了也没结婚。

我们来看他童年经历过什么，以便分析他的人生风格。他小时候非常敏感，容易跟人吵架，总是拿自己的疼痛和弱点来要挟哥哥姐姐。某天在玩耍时，他把哥哥姐姐全都推下沙发，当姑姑批评他时，他说："你责怪我，我的人生都被毁了！"那时他不过才四五岁。

总是试图支配别人，总是强调自己的虚弱和苦难——这就是他的人生风格。在他后来的生活中，这样的人生风格使他患上了忧郁症，而忧郁症本身也是虚弱的一种表现。忧郁症患者差不多都会说："我一辈子都被毁了，我失去了一切。"通常这样的人都是曾经被宠爱，而后来又失宠了，这种变化影响了他的人生风格。

在对外部环境的反应方面，人类的情况与动物相似。同样一个环境，兔子的反应跟狼和老虎都不同，不同的个人对外界的反应也各不相同。有人做过一个实验，把三个男孩带到狮子笼前面，观察他们第一次目睹可怕的猛兽是什么反应。第一个男孩转头说："我们回家吧！"第二个男孩说："太棒了！"他想装出勇敢的样子，可是一边说一边颤抖，可见他还是很胆小的。第三个男孩说："我可以朝他吐口水吗？"从这个实验中，我们看到，同一个情境中的三个男孩有三种不同的反应、不同的体验。我们也观察到，面对猛兽大多数人都会感到害怕。

这种胆小心理放到社会环境中，就是社会适应不良的最常见原因之一。有个男子，家境显赫，从来不刻苦努力，总是想让别人帮助自己。他看上去软弱无力，自然找不到工作。随着家境败落，他的兄弟开始讽刺他："你这个笨蛋，连工作都找不到，什么都不懂。"于是他开始酗酒，几个月之后他成了不折不扣的酒鬼，最后被送进疗养院待了两年。在那里他有所好转，但根本问题没有解决，他还是没有准备好重新回到社会。尽管出身名门，他除了干苦力之外找不到别的工作。不久他开始产生幻觉，总觉得有一个人在嘲弄他，导致他没法专心工作。他无法工作，最初是因为酗酒，后来是因为产生幻觉。由此我们看到，仅仅让一个酗酒者清醒过来不是正确的治疗方法，必须纠正他的人生风格。

　　研究之后我们发现，这个男子小时候被溺爱，依赖别人的帮助，没有独自劳动的能力，才导致了他后来的结局。我们必须训练所有的孩子独立，要做到这一点，我们要让他们意识到他们的人生风格中存在的错误。如果这个男子童年时接受过训练并可以独立去做事情，他就不会在兄弟姐妹面前丢脸。

第五讲

童年记忆

必须记住的是，一个人的童年记忆不是原因，只是提示，它向我们透露了这个人在过去发生了什么，以及他是如何成长的，揭示一个人如何朝一个目标行动发展且必须克服什么样的障碍。

分析完人生风格，我们现在来讨论童年记忆，这可能是洞察个体人生风格的最重要途径。要发掘一个人的人生风格的核心，即人格原型，分析童年记忆比其他任何分析方法都有效。

　　如果我们想找出一个人的人生风格，不论是儿童还是成人，在听完他的抱怨之后，让他回忆一下童年，然后把童年记忆跟他提供的其他信息做比较。一个人人生风格的主体基本是不变的，它始终保持着相同的个性，是相同的人格统一体。前面我们已经讨论过，人生风格是个人在努力实现某个充满优越性目标的过程中形成的，因此一个人的每句话、每个动作、每种感觉都是整个"行动线"的有机组成部分，某些时候这条"行动线"较为清晰易见，而在童年记忆里则看得尤其清楚。

但是我们不应该太严格地区分开新、旧两种记忆，因为行动线在新近的记忆中也有所体现。观察一个人人生之初的行动线更容易，也更有启发，因为在那个时期我们能发现行动线的基调，从而明白一个人的人生风格是如何没有真正改变的。一个人的人生风格在四五岁的时候形成，我们从中能发现过去的记忆跟现在的行为的关联。经过多次此类观察研究后，我们可以坚定这个理论：在童年记忆里我们能洞察一个人人格原型的真实部分。

我们可以肯定的是，当一个人回忆过去，无论想起的是什么，这些记忆都是他在感情上重视的，这为我们提供了分析他个性的线索。不可否认的是，那些被遗忘掉的经历对于理解人生风格和人格原型也很重要，但发掘这些被称为"无意识记忆"的被遗忘的经历往往要困难得多。有意识记忆和无意识记忆有个共同点：它们都指向同一个充满优越性的目标。两者都是完整的人格原型的一部分。因此，理想的情况是同时发掘出有意识记忆和无意识记忆。但说到底，这两者的重要性不相上下。通常来说，一个人是无法理解两种记忆的，只有外部观察者才能理解和诠释。

我们先来谈有意识记忆。有些人，当你让他们回忆童年时，他们会说："我什么也想不起来。"假如我们要让他们集中精神去想，经过一番努力，他们会想起一些事情。这种犹豫迟疑可以看作是一种暗示，即他们不愿意回忆遥远的童年，因此可以得出结论：他们的童年不愉快。对于此类人群，我们要给予引导和提示，以便发现我们需要的信息。一般来说，他们最后都会想起一些事情。

有的人声称自己一岁时的事情都记得，这基本上不可能，事实上这些记忆可能是幻想出来的，而非真正发生过的事。但往事是幻想出来的还是真实发生过的并不重要，因为它们都是一个人个性的组成部分。有些人会坚称，他们不确定是自己记得的还是父母告诉他们的。这同样也不重要，因为即使是父母告诉他们的，这些记忆已经留在他们的脑子里了，它们同样能揭示出一个人的兴趣所在。

我们在前面解释过，对个体进行归类是为了方便研究。

童年记忆可以分成不同的类型，它们能揭示某个特定类型的个体行为特点。来看一个案例：有个人记得曾经看见过一棵无与伦比的圣诞树，树上灯光璀璨，树下堆满礼物和节日蛋糕。这个回忆的场景最值得我们注意的是什么？是"看见"。为什么他要告诉我们他看见过什么？因为他总是对可视的事物感兴趣。他视力有障碍，一直在努力地克服这方面的困难，经过长期磨炼，他对观看特别感兴趣，也特别专注。这一点也许不是他的人生风格中最关键的方面，但却是有趣而又重要的一部分，它提示我们，如果要给他一份工作，最好是他能好好利用眼睛的工作。

学校对儿童的教育常常忽视这个分类原则。我们会发现，有些对可视事物感兴趣的孩子经常不能集中注意力听讲，因为他们总是想"看"。对这类孩子来说，我们应该耐心地教导他们学会倾听。很多孩子在学校获得的教育方式是单一的，导致他们只能获得一种感官上的乐趣；有的孩子可能只擅长听或只擅长看；有的孩子好动，总想动手做点儿什么。我们不能期待这三类孩子的成绩都一样，特别是当老师偏爱某一种教学方法的时候，比如某种适合爱倾听的孩子的方法。如果老师的方法适合爱倾听的孩子，那么爱观看和爱动手的孩子就会吃亏，他们的发展就会受到阻碍。

有这样一个案例。一个 24 岁的小伙子经常眩晕，让他回忆往事时，他想起 4 岁时曾经因为听到火车鸣笛而昏过去。也就是说，这个男子因为曾听到过刺激性的声音，从而对倾听很在意。在这里不必解释这个年轻人后来是怎么患上眩晕症的，我们只需要注意到他从童年开始就对声音很敏感这点就够了。他酷爱悦耳的音乐，因为他忍受不了噪声、不协调或刺耳的声响，难怪火车汽笛对他有这么大的影响。儿童或者成人经常对一些事物感兴趣是因为曾经在那上面吃过苦。读者应该还记得前面我们提到过的那个患哮喘病的男人，他小时候因为治病而被人用布条紧紧缠绕肺部，从此他对呼吸方式格外关注。

我们都碰到过一些人，他们的全部兴趣都在食物上。那么，他们的童年记忆一定都与吃有关。吃对他们来说似乎是世界上最重要的事：怎么吃、吃什么、不吃什么……我们经常发现，童年时在吃的方面遇到困难会强化个体对吃的重视。

现在我们来看一个跟行动和行走有关的童年记忆的案例。我们见过很多孩子在婴儿时期因为身体虚弱或者患佝偻病而行动不便，他们后来对身体行动异常感兴趣，做什么事都匆匆忙忙。这里有个案例能很好说明这点。一个50岁的男子向医生诉苦，说每次他陪一个人穿过马路时都担惊受怕，害怕两个人都会被车撞倒；而他自己单独过马路时则从来没有这种担心，反而相当淡定。当有人跟他在一起时，他总想去救别人，他会攥紧同伴的手臂，一会儿往右推一会儿往左拽，让别人很恼火。我们偶尔会遇到这样的人，类似个案并不多见。现在来分析一下他这些愚蠢行为的原因。

我们让他回忆童年，他说他3岁的时候患过佝偻病，行动不方便，有两次在过马路时被撞倒。长大成人之后，他很想证明自己已经克服了这个弱点。也就是说，他要显示给别人看自己是唯一一个能安全过马路的人。只要身边有同伴，他就要找机会证明这一点。当然，大多数人都不会以能够安全穿过马路为荣或以此来跟别人比较，但对于像这位患者一样的人来说，他们有相当强烈的欲望去行动以及炫耀自己有行动的能力。

　　来看另一个案例。一个男孩正在一步步走上犯罪的道路，他偷东西、逃学，父母对他完全丧失了信心。回忆童年，他记得自己小时候一刻都安静不下来，总是风风火火的，而现在他跟父亲一起工作，整天安静地坐着。找出这个案例的核心之后，咨询师提供的一个治疗方案是让他改做销售人员，这样他就可以走南闯北，帮父亲推销生意。

　　最特殊的一类童年记忆是童年时见过有人死去。假如孩子目睹有人突然死亡，这对他的心理影响是非常明显的，有的孩子会出现心理疾病，有的孩子虽然没有病态，但他们会用一生的精力来应对死亡这个命题，并以某种形式与死亡、疾病搏斗。我们发现，很多这样的孩子都对医学感兴趣，他们后来都当了医生或者药剂师。类似这样的人生目标是健康积极的，他们不仅自己跟死亡抗争，还帮助别人抗争。但有的孩子的人格原型会发展出一种以自我为中心的想法。有个男孩，姐姐的去世对他影响极深。有人问他长大想干什么，他的回答不是如别人预期的"医生"，而是"掘墓人"。问他为什么选择这个职业，他说："因为我想埋葬别人，而不想被别人埋葬。"这样的人生目标是消极的，这个男孩只关注到他自己。

我们现在来看看那些儿童时被宠爱的人有什么样的童年记忆。这类个体的性格非常清晰地反映在他们的童年记忆中。被溺爱的孩子经常会提到妈妈，这似乎理所当然，但这透露出他们曾经要努力才能争取到对自己有利的环境。有时他们的童年记忆平淡无奇，但经过分析却能找到大量信息。例如一个男子回忆说："那时我坐在房间里，我妈妈站在橱柜旁边。"这个描述看似无足轻重，但他提到自己的妈妈，说明妈妈对他很重要。有的描述不提到妈妈，研究起来要复杂一些，我们要从中猜测妈妈是否也在描述的场景里。这个男子也许会回忆说："我记得我去旅行了。"如果问他是和谁一起去的，会发现跟他一起去旅行的是妈妈。或者，有的孩子告诉你："我记得，有一年夏天我在农村的一个什么地方。"我们假设他爸爸在城市工作，妈妈和孩子们在一起。我们可以问他："谁和你在一起？"最后，我们会发现妈妈的影响是隐性的。

研究这些记忆我们可以看到，孩子努力争取大人的宠爱，在成长过程中珍视妈妈给予的关爱。这一点对于我们理解个案非常重要，因为孩子或成年人有这样的记忆，我们可以确定他们感觉自己的处境岌岌可危，或者认为有另一个人比自己得宠。我们会看到这种紧张心理越来越强、越来越明显，他们的心思全部集中在这个想法上。由此我们可以得到一个重要的事实：这些人日后会成为喜欢妒忌的人。

　　有时人们对某件事特别耿耿于怀。例如，一个孩子可能回忆道："有一天我要照看妹妹，我非常想保护她。我把她放在桌子上，可是桌布被什么东西钩住了，妹妹从桌子上摔了下去。"这个孩子才 4 岁，这么小的年龄是不应该让她照看妹妹的。她尽一切努力去保护妹妹，可是发生的意外成了她人生中的一个悲剧。这个姐姐长大以后嫁了一个善良——也可以说是"顺从"的丈夫，但她妒忌心强，喜欢批评别人，总是担心丈夫另有所爱。不难想象，她的丈夫对她厌烦透顶，把爱转移到了孩子身上。

　　有些人回忆自己曾想伤害家里其他人，甚至想杀死他们。

这类描述可以让我们清晰地看到他们内心的紧张状态。他们只关注自己，不喜欢其他人，对他人怀有敌意。这种心态其实在他们的人格原型中就已经存在了。

我们还看到过一类人，他们什么事也做不成，因为在交朋友和与人共事的时候他们总是害怕别人比自己更受青睐，或者时刻疑心别人会超过自己，所以他们永远无法真正融入社会。无论从事什么工作他们都极其紧张，这种状态在爱情和婚姻方面尤其如此。

对于这个类型的个案，虽然我们不能完全治愈，但我们可以通过运用一定的技巧来研究他们的童年记忆，能帮助他们改善。

接受这种治疗的其中一个对象是我们前面提到过的记忆中跟妈妈和弟弟一起去市场的那个男孩。那天开始下雨了，妈妈把他抱起来，但是看见弟弟之后就把他放下，抱起弟弟。从此以后他觉得弟弟比自己得宠。

我们之前讨论过，假如可以了解到一个人的童年记忆，我们就能够预测他以后的人生将发生什么事。然而，必须记住的是，一个人的童年记忆不是原因，只是提示，它向我们透露了这个人在过去发生了什么，以及他是如何成长的，揭示一个人如何朝一个目标行动发展且必须克服什么样的障碍。它还反映出一个人如何逐渐变得对生活的某一方面特别关注。

比如，我们可能看到一个人在性方面遭遇过创伤，从此他可能会对性比对其他问题更在意。当我们请他回忆童年时，听到他描述性方面的经历是不足为奇的。有些人早在童年时期就对性别特征尤其感兴趣。对性感兴趣是常见的人类行为之一，不过，正如我在前面说过的，兴趣有种类和程度的区别。

我们经常会发现，假如患者的童年回忆涉及性，他成年后的生活也必定重视性，结果他的生活是不协调的，因为性被看得太重了。有的人坚持认为一切都以性为根本，而有的人则坚称胃才是人体最重要的器官。我们会发现在这些个案中，童年记忆与日后形成的个性特点是一致的。

有一个男孩，大家一直很费解他是怎么考上中学的。他极其好动，根本静不下心来学习。他总是在应该学习的时候琢磨别的事，经常去咖啡馆或朋友家。研究他的童年记忆很有意思。他说："我记得我躺在摇篮里，看着墙壁。我注意到了墙纸，上面有鲜花、图案，等等。"这个人只适合躺在摇篮里，不适合读书考试。他无法专心学习，因为总是琢磨别的事情，一心是不可能二用的。于是我们看到，这个人童年时被宠坏了，不能独自做事。

现在来讨论那些被厌恶的孩子。这个类型罕见，属于极端的个案。如果一个孩子一生下来就被厌恶，他是不可能存活的。通常孩子的父母或保姆一定程度上会溺爱他们，满足他们的需要。私生子、犯罪儿童和被抛弃的孩子都属于这一类，他们往往失落抑郁，童年回忆里充满被厌恶的感受。例如，有个男子回忆说："我记得我被打屁股了，妈妈批评我、骂我，于是我跑掉了。"离家出走的时候他差点儿淹死。

这个男子后来变得根本离不开家门，于是他来见心理医生。我们在他的童年记忆里发现，有一次他出门时遇上了很大的危险。这个经历铭刻在他的记忆里，他每次出门都会时刻提防危险。他是个聪明的孩子，可是他总是担心自己考试拿不到第一，踌躇犹豫，无法进步。最后他终于考上大学，他又害怕不能按规定的方式跟别人竞争。这所有表现都可以追溯到童年时的危险记忆。

有一个孤儿，他一岁的时候父母就去世了。他得了佝偻病，在疗养院得不到适当的治疗，也没有人照顾他，长大后他也很难结交朋友或伙伴。回忆童年，他总觉得别人比自己受欢迎，这种感受对他的发展影响很大。他总觉得自己是个讨厌的人，这种心理阻碍了他处理所有问题的脚步。由于自卑，他被排挤在生活的方方面面之外，比如爱情、婚姻、友谊、事业，因为所有这些事情都需要与别人接触。

还有一个总爱抱怨失眠的中年男子。他40多岁，已婚，有孩子。他到处指责别人，专制蛮横，特别是对待家人，他让周围每个人都痛苦难受。

当咨询师让他讲述童年经历时，他说自己成长于一个父母关系不和的家庭，父母相互厮打威胁，他害怕他们。他蓬头垢面地上学，没人给他收拾打扮。有一天，平常上课的老师没来，由另一个老师代课。这个代课的女老师喜欢教学，乐于探索各种机会，把教学看作一份高尚又美好的工作。她发现了这个被父母疏忽的男孩身上具有的潜能，她鼓励他学习。这是他生平第一次受到呵护，从那时起他开始进步，总是感觉有人在后面推他。他不太相信自己能胜过别人，于是他整天都学习，晚上也有一半时间在学习。他就这样长大，习惯了晚上一半的时间用来工作，或者完全不睡，思考自己必须要做的事。结果，他渐渐形成一个观念，即要取得成绩就必须几乎整晚都不睡。

后来，这名男子对优越感的渴望表现在对待家人的态度以及与其他人交往的方式上。让家里人显得弱小，他就能在他们面前充当征服者。他的行为不可避免地让妻子和孩子受了很多苦。

总结此人的整体性格，我们可以说，他有一个充满优越感的目标，但这个目标是一个有强烈自卑感的人的目标，那些过度劳累的人都有这个特点。他们的紧张状态显示出他们对自己的成功没有把握，可是平常生活中他又以一种优胜的姿态出现，掩盖了对自己的不确信。童年记忆揭示了他真实的面目。

心态与动作

一个爱吃醋的人会害怕控制不了自己的伴侣，每当他试图以某种方式去左右他的伴侣，种种忌妒行为就暴露了他的脆弱。

前面我们讨论了童年记忆和幻想可以用于揭示个体隐秘的人生风格。分析童年记忆只是研究人格的系列手段之一，这些研究手段全部基于一个原则，即通过单独观察局部来诠释整体。除了童年记忆，我们也可以观察一个人的行为和心态。动作或者表现在外，或者隐藏在心态当中。而一个人的各种心态体现了他的整体生活态度，生活态度构成了一个人的人生风格。

我们先来谈肢体动作。众所周知，我们常常从一个人站立、行走、活动、表达等方面来判断他是个什么样的人。这种判断有时是无意识的，但这些印象势必会引发我们的好感或反感。

我们以站姿为例。一个孩子或成人是昂首挺胸还是驼背弯腰，我们一眼就能注意到，这不难观察。我们要特别留意的是那些夸张的站姿。如果一个人站得过于笔直，身体被拉到最长，我们就会感觉到其实他是在费劲地保持着这个姿势。我们也会猜想，其实他的内心感受远远不像他竭力想要表现出来的那么"昂扬"。这个细小的动作透露出他的优越情结。他想显得比实际的自己要勇敢，他希望更多地展现自己，只可惜他太紧张，反而适得其反。

有些人的动作行为却正好相反：驼背弯腰、无精打采。这种姿态一定程度上反映出这个人懦弱胆小。但艺术作品和科学研究教给我们一条规律：不应对一个人草率地下结论，而应综合多方面因素，切忌仅凭一点就武断地下判断。有时我们几乎肯定自己的判断是正确的，但还是想通过其他方面的观察来验证自己的判断。

我们会自问："我们认定无精打采的人性格一定很懦弱，这种想法对吗？这些人在困难面前会有何表现？"

另有一个动作细节也会反映出一个人的懦弱：懦弱的人

总喜欢倚靠某个物体，比如斜靠着桌子或椅子。他不相信自身的力量，希望借助他物来支撑自己。倚靠他物与驼背弯腰反映出的是同一种心理趋向。当看到一个人既驼背弯腰又依靠他物，我们对他的判断就基本可以确定了。

我们发现，那些依赖帮助的孩子与独立自主的孩子的身体姿势是不同的。从一个孩子的站姿和他跟其他人的接触方式上，我们可以判断他的独立程度如何。对这样的个案，我们不需要质疑自己的判断，因为有大量的证据可以帮助我们确认结论。一旦判断被确认，我们就可以采取补救措施，帮助孩子走上正确的轨道。

我们不妨找个喜欢依赖别人的孩子来试验一下。先让他的妈妈坐在椅子上，然后让这个孩子进入房间。我们发现，小孩谁都不瞧一眼，径直朝妈妈走过去，然后挨着椅子或倚靠在妈妈身上。他的表现跟我们的预期相符：这孩子依赖别人帮助。

观察孩子接触其他人的方式，我们可以看出他的社会兴趣和社会适应的程度，也可以看出他对别人的信心。我们会发现，假如一个人不想靠近别人、总是离别人很远地站着，那么他在其他方面也是保守的，说话不多，异常沉默。

我们看到，一个人的各种动作、姿态都朝一个方向聚拢，因为每一个人都是一个统一体，会用同样的方式来处理生活中的问题。为了说明这一点，我们来看一个案例。一个女子来找医生治疗，医生本来以为她会坐在他身边，没想到当医生给了她一张椅子后，她环顾四周，挑了个很远的位置坐下了。由此可以得出的结论是：这个女子只想跟一个人建立关系。她说她结婚了，凭这一点就可以猜到她生活的全貌了：她只想跟自己的丈夫接触。

我们也可以猜出她想得到丈夫的宠爱，要求丈夫严格听从于她，每天准时回家。要是只有自己一个人，她会非常焦虑，她绝对不会独自出门，也不喜欢认识其他人。简而言之，从一个小小的动作上，我们就能猜到她整个人是什么样的。不过我们也有其他方法证明这个结论。

她可能会告诉我们："焦虑让我很痛苦。"焦虑其实也可以被当作武器来支配别人，假如不了解这一点，我们就不能明白她这句话的意思。如果一个孩子或成人倍受焦虑煎熬，我们可以推测，肯定有另一个人在旁边辅助他。

　　有一对自称思想自由的夫妇。这类男女相信每个人在婚姻中都可以随心所欲，只要坦诚相告就行。这个丈夫发生了婚外情，并且如实告知妻子，妻子似乎毫不介意，可是时间一长，她就患了焦虑症，她不敢独自出门，要丈夫必须时刻陪伴。由此我们看到，思想自由最后被焦虑和恐惧症改变。

　　有些人总是要靠近屋里的一面墙或者挨在墙上，这暗示他们欠缺勇气，不够独立。让我们来分析一下这种羞怯懦弱、优柔寡断的人的人格原型。

　　有个男孩去上学，非常害羞。这个信息很重要，说明他不想跟其他人接触。他没有朋友，时刻盼着放学。

他动作迟缓，下楼梯时贴着墙走，走在路上时低着头，急匆匆地直往家赶。他不是个好学生，功课非常差，这一切都是因为待在学校的围墙之内让他郁郁寡欢，所以他总是想回家找妈妈。他的妈妈是个温柔的人，对他百般溺爱。

为了了解更多情况，医生去见了这个男孩的妈妈。医生问："他会主动上床睡觉吗？"她回答："会。""他晚上会大声哭吗？""不会。""他会尿床吗？""不会。"

医生心想，如果不是他本人错了，那一定是这个男孩有什么问题。然后他得出了结论：男孩一定是跟妈妈同睡一张床的。他是怎么得出这个结论的呢？其实，孩子晚上大声哭喊就是要引起妈妈的注意，如果母子同睡一张床，他就没必要这样做。同样，孩子尿床也是为了吸引妈妈的注意。最后医生的结论得到证实：男孩的确是跟妈妈睡同一张床的。

仔细观察，我们会发现，心理学家所关注的细枝末节的信息是一个人的人生风格的构成部分。因此，一旦发掘出一个人的目标，我们就能推断出许多事情。在上述案例中，跟妈妈黏在一起就是这个男孩的目标。通过这种方法，我们能断定一个孩子的智商是否较低。一个低智商的孩子是无法有一个智慧的人生风格的。

现在我们来探讨一下体现个体特色的处事心态。有些人好争斗，程度有高有低；而有些人则容易弃械投降。但没有一个人会完全放弃，因为这不符合人性。一个正常人不可能放弃一切，如果一个人看起来要放弃了，那么就意味着他将会付出更多的努力去应对艰难的考验。

有一类孩子老是动辄放弃。这样的孩子往往是家里的注意力中心，大家都爱他，催促他进步，劝告他改正错误。他在生活上必须有人帮扶，他也永远是别人的负担。需要别人扶持、做别人的负担就是他的充满优越性的目标，他要通过这种方式实现支配别人的欲望。

正如我们前面讨论过的，这样的充满优越性的目标是自卑情结导致的结果。如果不是因为怀疑自身的力量，他就不会走这种"捷径"来获得成功。

有个 17 岁男孩的例子可以说明这一点。他是家里最大的孩子。我们以前分析过，原本唯我独尊的老大，随着弟弟妹妹的降生，会失去原先受宠的中心地位。这个男孩也不例外。失宠之后，他变得消沉抑郁，暴躁易怒，而且他没有工作。有一天，他试图自杀，之后不久他去找医生，说寻短见之前他做了一个梦，在梦里他开枪把父亲打死了。

可见，这样一个抑郁、懒惰、无所作为的人，其实大脑一直没有停止过运作。我们也看到，那些上学懒懒散散的孩子，那些看似什么也干不了的懒惰的成年人，他们其实全都身处危险的边缘。慵懒往往只是表面现象，一旦有事情发生，他们要么意图自杀，要么会患上神经症，即使借助科学之力，要确切地把握这些个体的精神状态也不是一件容易的事。

另一种危险的因素是孩子的害羞。我们对待羞怯的孩子一定要谨慎小心。害羞必须要纠正，否则它会毁了孩子的一生。如果不克服害羞，一个人将会在生活中举步维艰，因为我们已经形成了固定的认识，即只有勇敢的人才能取得卓越的成就，享受生活的种种优势。

勇敢的人遇到挫败不会受伤太深，而羞怯的人远远瞅见前方的困难就立刻躲进了生活的消极面。羞怯的孩子日后易患神经症或精神失常。

羞怯的人总是垂头丧气，跟人打交道时结结巴巴，不愿意说话或者干脆不跟人接触。

以上描述的个性特征属于个体的处事心态，既非与生俱来，也非遗传得之，而仅仅是对外部境况做出的反应。某种特定的心态特征，是个体在面对问题时，人生风格根据个体的统觉系统做出的回应。当然，这个回应不一定像哲学家的思维那么符合逻辑，而是一个人在童年经历与错误的长期磨炼下做出的回应。

相比成年人，我们更容易在儿童和人格失常者身上看清这些心态是如何起作用以及它们是如何形成的。正如我们之前说过的，人格原型比后来发展成形的人生风格要清晰和单纯得多。不妨把人格原型看作一枚未成熟的果实，这枚果实一路吸收周围环境给它的一切：肥料、水、空气、养料，所有这些在它的生长过程中都会被一一汲取。人格原型与人生风格的差别类似于未成熟果实与成熟果实之间的差别。人生的未成熟阶段更容易被剖开来检视，其呈现出来的样子很大程度上预示成熟后的形态。

例如，童年时懦弱胆小的孩子对一切事物的态度都是怯懦的，他们跟争强好胜的孩子有天壤之别。好胜的孩子都有一定的勇气，这种勇气是常识发展的自然结果。然而，胆小的孩子在某种情况下可能会忽然变得像一个英雄，当他们刻意去争第一时，他们就会忽然勇敢起来。

有一个能很好说明这个观点的例子：有一天，一个男孩跟其他男孩一道去游泳，可是他并不会，其他人叫他下水玩，他答应了。水很深，男孩明知自己不会游泳还是跳了下去，差点儿被淹死。

这种表现当然不是真勇气，属于消极无用的生活层面。男孩这么做无非是想被人崇拜，他忽视了自身所处的险境，还指望其他人会来救他。

从心理学上看，是英勇还是胆怯与一个人是否相信宿命论密切相关。宿命论的观念会影响我们是否有能力采取有价值的行动。优越感强的人会觉得自己什么事都能做，无所不知，因此什么都不愿意去学。我们很清楚这种思维会造成什么结果。有这种思想的孩子在学校的成绩通常都很差。有的人总想尝试最危险的事，觉得自己不会出问题，不会失败，可是结果却常常很糟糕。

遭遇险境而安然无恙的人容易萌生宿命感。比如，有人可能碰上一场严重事故而幸运生还，于是他感觉自己仿佛注定是要实现更高的目标的。曾经有个男子就有这种"天定使命"感，但后来的一次经历出乎他的意料，从此他丧失了勇气，变得消沉抑郁，因为最重要的精神支柱崩塌了。

当医生让他回忆以前的事情时，他描述了一次重要的经历。有一次他要去维也纳看话剧，但去剧院之前先要处理点儿别的事情。然而他到达剧院的时候，发现剧院居然被大火烧毁了，剧院的一切都被烧得精光，而他却毫发无损。不难理解，这个人觉得自己注定要肩负更高的使命。他的生活一帆风顺，直到跟妻子的感情出现裂痕，从此他一蹶不振。

关于笃信宿命论的意义还有很多东西值得论述。宿命论的影响，大至整个民族和文明，小至每一个普通人。从个体心理学的角度来说，我们只想指出它与心理活动及人生风格的源头之间的关系。相信宿命在很多方面都是出于胆怯，逃避需要奋力完成的任务，不去从事有价值的活动。因此，宿命论最终只是一根虚假的精神支柱。

能影响我们与同伴友人的关系的基本心态之一是羡慕。羡慕暗示了一个人的自卑。诚然，我们每个人都在一定程度上羡慕别人，轻度的羡慕相当常见，并无害处。然而我们必须让羡慕变得积极有益，让它能帮助一个人去工作、进取和面对问题。如果能达到这样的效果，羡慕就是有用的。因此，我们应该接受每个人身上都有的那点小羡慕。

相比之下，忌妒这种心态就要麻烦和危险得多，因为它不能带来有用的结果。一个忌妒心很重的人无论如何也做不成有用的事。

此外，忌妒是强烈自卑感的产物。一个爱吃醋的人会害怕控制不了自己的伴侣，每当他试图以某种方式去左右他的伴侣，种种忌妒行为就暴露了他的脆弱。剖析这类人的人格原型，我们会发现他们都有一种"被亏欠感"。遇到一个善妒的人，最好是分析他的过去，然后想想要不要跟这个曾经失宠且预期自己将再次失宠的人打交道。

讨论完一般性的羡慕与忌妒之后，我们来思考一类特别的羡慕心理——女性对男性的优越社会地位的羡慕。我们发现，很多女性都想当男性，这种心理很容易理解。客观地看，在我们的文化中，男性总是占主导地位，总会比女性得到更多的赞赏、重视和尊重。

这种情况在道德上是不正确的，应该纠正。女性觉得，男性在家里过得比女性舒服自在得多，不用操心琐事。她们也发现，男性在很多方面都比女性享有更大的自由空间，这使她们对自己的角色不满意，于是她们尝试模仿男性的行为举止。效仿男性的形式有多种，比如穿得像男性，有的家长鼓励她们这么穿，因为男装显然比女装舒服。这些行为大多是有益的，不必劝阻。

但有些想法就是无益的，比如女孩不取女孩名字，偏要取男孩名字，假如别人不用她们选的男孩名字称呼她们，她们就非常恼怒。

这种心态，假如不是胡闹一下就作罢，而是反映了她们深层的思维，那就十分危险了。这些女孩日后会对自己的性别角色不满，厌恶婚姻，或者是婚后厌恶女性该扮演的角色。

对于女性穿短装，我们不应去挑剔非难，因为这样的装扮是个优势。另外，女性在多方面像男性那样去发展，从事男性担任的工作，这些都是合宜的。但假如她们对身为女性这个角色不满意，故意染上男性的恶习，情况就不妙了。

危险的倾向在青春期就会显露出来，因为正是在青春期时人格原型才会遭到破坏。思想不成熟的女孩忌妒男孩的特权，并通过模仿男孩表现出来。这是一种优越情结，是对正常成长的逃避。

我们前面说过，女性对性别角色不满会导致她们抗拒爱情和婚姻。但并不是说抗拒婚恋的女性就不想结婚。在我们的文化中，不结婚被视为失败者的特征。即使是对婚姻不感兴趣的女性也想结婚。

如果我们相信平等原则是两性关系的基础，就不应该鼓励女性的这种"男性抗议"。性别的平等必须顺应事物的自然规律，而男性抗议是对现实的盲目反抗，是一种优越情结。事实上，男性抗议会干扰和影响女性正常的性功能，会引发许多严重症状。追溯这些症状的源头，我们会发现它们萌芽于她们的童年时期。

我们也碰到过男孩想变成女孩的个案，尽管不像女孩想变成男孩那么多见。这类男孩模仿的不是一般女孩，而是那种很妩媚、很夸张的女孩。这些男孩抹粉戴花，举止故意作轻浮女子状。这些行为也是优越情结的表现。

事实上，我们从大量个案中发现，这类男孩往往在女性占主导地位的环境中长大，在成长过程中模仿的是母亲，而不是父亲。

有个男孩因为性方面的困扰来接受心理咨询。他说自己一直都是跟着母亲长大，父亲在家里基本等于不存在。他母亲结婚前是个裁缝，婚后也继续干这行。因为他总是跟母亲在一起，男孩对她的工作也很感兴趣，学着缝衣服、画女裙图样等。有件事充分说明男孩是多么在意母亲：他4岁就学会看时间了，因为那时候母亲总是4点出门，5点回来，一看见母亲回来他就兴高采烈，在此激励下，他学会了看钟表。

后来上学了，他的行为动作像女孩，运动和游戏都不参加。其他男生都取笑他，有时甚至过去亲吻他。有一天，学校要排演一出戏，不出所料，男孩被分到一个女孩的角色。他表演得如此传神，很多观众真的以为他是女孩，其中一名男观众甚至当场爱上他。男孩渐渐感到，虽然自己作为男性得不到赞赏，但扮演女性倒是可以得到许多好评。所以，他在性别方面的困扰就从这里开始了。

第七讲

梦与梦的解析

事实上，只有看到人格原型与某个特定梦境之间的关联，我们才能肯定地说自己真正理解了这个梦。同样，如果你熟悉一个人，就差不多能猜到他的梦境具有什么特质了。

个体心理学认为，意识与无意识组成了一个完整独立的统一体。这一点我们已经多次解释过。在前面的讨论中，我们在个体是统一体这个大框架下分析了意识层面的记忆、心态和动作，现在用同样的方法来分析意识与半意识层面的活动——做梦。

　　这种方法之所以适用，理由在于做梦时的活动跟我们清醒时的活动都是整体的一部分，两者比重相当。其他心理学派的支持者一直寻找解释梦境的新视角，但个体心理学家解读梦境所依循的框架与解读其他心理组成部分的框架相同，所有组成部分均体现在个体心理的表达与变化之中。

　　我们看到，正如人们清醒时的活动由充满优越感的目标所决定，梦境也是由个体的优越目标所主导。梦境是人生风格的一部分，我们从中可窥见个体的人格原型。事实上，只有看到人格原型与某个特定梦境之间的关联，我们才能肯定地说自己真正理解了这个梦。同样，如果你熟悉一个人，就差不多能猜到他的梦境具有什么特质了。

我们知道，人类从整体来说都是胆小懦弱的。由这个一般事实可以推测，我们的梦境大部分都与恐惧、危险、焦虑有关。因此，如果我们了解一个人，知道他的目标是逃避解决生活问题，就可以猜到他会经常梦见自己摔倒。这样的梦像是警告："别继续向前走了，你会被击败的。"他对未来的预期表现在"摔倒"上。事实上，大多数人都梦见过自己摔倒。

学生在考试前夕做什么梦就是具体例证。如果我们知道一个学生习惯临阵退缩，那就不难猜到他在考前会有什么表现。他会整天忧心忡忡，不能集中精神，最后他会对自己说："时间太短了。"他想推迟考试时间，他也许会梦见自己摔倒，这反映了他的人生风格，因为要实现他的目标，他必须要做这样的梦。

还有另一个学生的例子。他在学习上取得了进步，这使他变得有勇气、不害怕，从来不给自己找借口。我们能猜到他会做什么样的梦。考试前他会梦见自己攀上一座高峰，山顶风光迷人，最后他会在陶醉中醒来。这个梦体现了他的人生状态，折射出他想追求的目标。

此外还有一类发展受局限的个体，他们进展到了某个程度就停滞不前了。这类人做的梦跟"限度"有关，常梦见自己无法逃离某些人或某些困境，也经常梦见被人追赶、追杀。

在讨论下一个类型的梦境之前，值得一提的是，假如有人说："我不记得做过什么梦了，没法告诉你，不过我会编一些梦。"心理学家也不会因此气馁。他知道虚构出来的梦也是人生风格的表现。编造的梦与真实记得的梦同样说明问题，因为虚构和幻想也是人生风格的体现。

幻想不需要原样重复一个人的真实动作行为才能反映人生风格。有一类人更多地活在幻想里，而不是现实中，这类人白天胆小懦弱，晚上做梦的时候倒相当勇敢。我们总能从这类人的行为中发现一些迹象，显示他们不想完成生活中的任务，这些迹象即使在他们英勇的梦里也十分明显。

梦境是个体为实现充满优越感目标而做的铺垫。一个人的心理状态、动作行为和梦都体现了某种形式的训练，它们能使个体找到这个主导一切行为的优越目标，这个目标可能会让人成为万众瞩目的焦点，也可能让人逃避躲藏。

梦在表现其目的时，既不符合逻辑，也不符合真实情况，它的存在是为了引发某种感受、情绪或情感，其中的隐晦朦胧之处不可能一一解释得通。不过在不合逻辑这点上，梦境中的活动与清醒时的活动在本质上并无二致，只有程度上的差别。我们已经看到，个体的心理对生活问题的回应方式与个体的人生计划有关，不能被套入一个预设的逻辑框架。

出于社会互动的考虑，我们会力图使个体对生活的回应方式更符合逻辑。

当我们认识到人清醒时的生活也不是绝对符合逻辑时，

梦境就不再显得神秘。梦境不过是凸显了人在清醒时的生活中也存在的相对性以及事实和情感的融合。

历史上，原始人类觉得梦是神秘莫测的东西，往往把梦理解为预言，认为梦预示着即将发生的事。这种对梦的认识也不完全错误。梦的确像一座桥梁，连接做梦者在现实生活中面临的问题和他要实现的目标。做梦者在睡梦中演习清醒时的生活角色，从而为梦的实现做了准备。因为如此，梦境经常会变成现实。

同样的道理可以换个角度来讲：事情之间的关联在梦境和清醒时的反映都是一样的。一个敏锐又聪明的人不管分析自己清醒状态时还是分析梦境时，都能预计未来会发生什么，他所做的分析是对未来的判断。

假如梦见一个熟人去世，而那人后来真的死了，这并没有什么值得大惊小怪的，医生和近亲都能预见得到。做梦者无非在熟睡的时候思考某件事，而清醒的时候不去想罢了。

仅仅因为梦境包含部分真实而认为梦有预见功能，这是一种迷信。迷信梦的人通常也迷信别的事情。那些企图把自己塑造成"先知"，从而提高地位的人也积极主张梦有预见性。

要破除"梦能预见未来"这个迷信，揭掉梦境的神秘面纱，我们必须解释为什么大多数人都不理解自己的梦。理由很简单，人们连清醒时候的自己都看不明白，更别说梦境中的自己了。很少有人能反观自身，看清自己正走向何方，而解释梦境中的行为比分析清醒时的行为还要复杂隐晦得多。

因此大多数人都没有能力分析梦境，由于对梦的无知而求助江湖术士也就不足为奇了。

要理解梦境的逻辑，不能直接把一个人在梦境中的行为与他在清醒时的正常行为相比较，而应该参考我们之前讨论过的那些完全自以为是的个体的行为。读者应该还记得，我们在前面讨论过罪犯、问题儿童和神经症患者的处事态度。这类个体为了说服自己相信某件事，会营造出某种感受、性情或情绪。例如一个杀人犯会这样自辩："生活中没有属于这个人的位置，所以我一定要杀掉他。"他在内心强调"世界上没有足够的位置"这个想法，从而产生某种感受，这个感受为谋杀行为做了心理上的铺垫。

这类人也可能会这样想：某某有一条漂亮的裤子，而我没有。由于非常看重这件事，他逐渐产生忌妒心理。拥有漂亮裤子成为他的优越目标，于是他会做梦，梦里营造出某种情感氛围，这种情绪会引导他实现目标。一些著名的梦境故事是很好的例证，比如《圣经》里描写的约瑟的梦。约瑟因为得到父亲给的彩衣而遭哥哥们的忌妒排挤，于是他做了一个梦，梦见其他人都向他下跪。

另一个有名的梦境故事是希腊诗人西莫尼德斯所做的梦。有人邀请西莫尼德斯前往小亚细亚讲学，他犹豫不决，一再推延行程，尽管迎接他的船已经在港口等候多时。他的朋友试图说服他快点儿动身，但都无功而返。这时，西莫尼德斯做了个梦，梦见一个亡者，是他曾在森林里见过的一个人。亡者对他说："因为你虔诚，在森林里照顾过我，我现在来提醒你不要去小亚细亚。"西莫尼德斯醒来后说："我不去了。"其实他在做梦之前就已经倾向于不去了，这个梦无非为他营造出某种感受或情绪，支持他先前已经做的决定，尽管他并不理解自己的梦。

如果我们理解梦境，我们就会明白，梦其实是一个人为了欺骗自己而构造出来的幻想，而幻想能带给做梦者想要的感觉或情绪。这种情绪氛围常常是我们对某个梦境的全部记忆。

由分析西莫尼德斯的梦境延伸到另一个问题：解析梦境的步骤应该是怎样的？首先，我们要记住：梦是个体创造力的一部分。西莫尼德斯在梦中运用想象力构建了一个事件发生顺序。他选择了让一位亡者出现在梦中，为什么这位诗人偏偏要从自己众多经历中挑选跟这个亡者有关的经历呢？这显然是因为他非常担心自己会死，一想到乘船旅行他就心惊胆战。

航海旅行在那个年代经常险象环生，因此他举棋不定。他很可能不仅怕晕船，也怕船会沉没。由于担忧死亡，他的梦境选择了让一个亡者出现。

如果我们用这种方法来分析，解读梦境就不会显得太难。我们应该记住，做梦者选择了什么画面、从过去的记忆中挑选了什么片段、虚构了什么场景，这些都显示了他心理活动的方向和个人倾向，最终也反映出他希望达成的目标。

让我们举例来分析一个已婚男子的梦境。这位男士不满意自己的家庭生活，他有两个孩子，但他总是担心妻子在其他事情上花太多心思而没有好好照顾他们。他总是因为这个事情批评妻子，试图改变她。一天晚上，他梦见自己有了第三个孩子，可是这个孩子丢了，再也找不到了，在梦里，他就批评妻子没有好好照顾孩子。

我们来分析这个男子的心理倾向：他一直担心两个孩子中的一个会丢失，但在梦里他又不忍心让其中一个消失，于是他编出第三个孩子来，让这个孩子消失。

从这个梦还可以观察到另一点：男子爱他的孩子，不希望他们走丢；他觉得妻子照顾两个孩子已经超负荷了，不可能照顾三个孩子；如果他们有第三个孩子，这个孩子可能会夭折。因此我们解读出这个梦的另一个侧面——男子其实在问自己：我该生第三个孩子吗？

这个梦的实际后果是男子对妻子产生了反感。虽然实际上孩子并没有丢失，但他早上一起床就批评妻子，充满敌意。经常有人一早起来就跟人吵架、指责别人，那是因为夜晚做梦引起的情绪。这种情形就像被迷醉，也类似忧郁症的症状，忧郁症患者经常沉醉在失败、死亡、失去一切等念头中。

我们还能看出，这名男子挑选那些他有优越感的事情，比如他这么想：我细心照顾孩子，可我老婆不是，结果一个孩子走丢了。他喜欢支配人的倾向也反映在梦里。

关于梦境分析研究，弗洛伊德最初提出，梦满足了人在儿童时期的性渴望，但个体心理学家不认同这个观点。假如梦是一种满足，那么任何一件事都可以表达为某种满足，每一个概念都会如此表现——从潜意识的深处上升至意识层面。因此性满足这个理论不能解释任何具体的事。

后来弗洛伊德又提出，梦境也包含死亡欲望。这个理论肯定不能解释前面提到的那个梦，因为我们总不能说那个父亲希望孩子消失并死去。

真实情况是，除了我们之前讨论过的精神生活的统一性、梦境的情绪感染特性这些一般性原理，没有一个可以解释梦境的具体公式。梦境的情绪感染特性以及伴随它的自我欺骗会表现为多种形式。因此，梦境往往充满类比和隐喻。

类比是自欺欺人的最佳手段。我们可以确定地说，如果一个人运用类比的方法来表达，说明他不确信自己能够凭事实和逻辑来说服别人，因而改借牵强无用的类比来对对方施加影响。

甚至诗人都会欺骗世人，不过是以愉快的方式，而我们也乐于接受他们的隐喻和诗意的比拟。可以肯定地说，诗人故意使用隐喻和类比，以发挥比普通话语更大的感染力。例如，当希腊诗人荷马形容"希腊大军犹如雄狮般浩浩荡荡奔过原野"时，如果我们缜密地思考，就不会相信这个比喻，但如果我们是带着诗意的情怀来读，肯定要陶醉其中。

作者使我们觉得他有一股奇迹般的力量。假如只是平淡无奇地描述士兵穿什么衣服、拿什么兵器，就不会有同样的效果。

同样的情况也会发生在一个人无法解释清楚事情的时候。当他没办法说服你时，他就会运用类比手法。我们前面说了，运用类比就是自我欺骗，这就是为什么在梦境中选择出现的画面、形象等都渗透着鲜明的类比。做梦者在用艺术的方式自我陶醉。

奇特的是，梦境具有情绪感染力这一事实反而提供了一个阻止梦境出现的方法。如果一个人理解了自己的梦，意识到梦是自我陶醉，他就不再做梦，这时梦对于他来说已经没有用途。至少笔者本人是这样：当我了解了梦的意义，我就不再做梦了。

顺带一提，做梦者意识到梦境不过是自我陶醉之后便不再做梦，这个变化过程必须经历一个彻底的情感转换。在笔者的个人经历中，这个转变实现于最后一个梦。当时正是战争期间，由于职务需要，我必须想方设法避免把一个士兵派到前线一个危险的地方去。这时我做了一个梦，在梦中我发觉自己杀了一个人，但不知道是谁。醒来后我心烦意乱，纳闷我到底杀了谁呢？事实情况是，我一心琢磨着如何尽力为那名士兵争取最佳处境，避免一死。这个梦激发了我的情绪，促使我有了这个想法。

然而当我了解了梦的由来之后，就完全不再做梦了，因为我再也不需要为了做某些逻辑上想做或不想做的事情而自我欺骗了。

经常有人问："为什么有的人从来不做梦？"我们前面的讨论也许可以回答这个问题：因为这些人不想欺骗自己。他们笃信行动和逻辑，愿意直面问题。他们即使做梦也很快忘记，由于忘得太快，他们以为自己没做过梦。

说到这里就牵涉出一个理论：每个人都会做梦，不过大部分的梦都被忘记了。假如我们接受这个理论，那么对于有些人从来不做梦这个事实，解释就不同了：这些人做梦，但全都忘了。笔者不接受这个理论，而是更倾向于认为有人的确从来不做梦，也有人有时会忘记做过什么梦。就个案的本质来看，这个理论很难被反驳，或许验证其是否正确的重任应该交给提出该理论的人。

我们为什么会反复做同样的梦？对于这个奇特的现象目前还没有明确的解释，不过反复出现的梦境让我们更清楚地看出做梦者的人生风格。重现的梦境确定无疑地指明个体的充满优越性的目标之所在。

如果梦境显得绵长，我们确信，做梦者还没完全做好准备，他在寻找实现人生目标的桥梁。因此，被解释得最充分的梦是短梦。有的梦只有一个画面、几个词语，它显示做梦者真的努力在用一种简短的方式来欺骗自己。

最后让我们来谈谈睡眠。关于睡眠，许多人给自己提了一些不必要的问题。他们想象睡眠是跟清醒相反的状态，认为它是"死神的兄弟"。这些观点都是错误的。睡眠并不是清醒的对立，而是某种程度的清醒。

睡觉的时候我们并不脱离生活；相反，睡着的时候我们也在想和听。一个人在睡着和清醒时表现出来的习惯倾向通常都是一致的。

因此，睡着的母亲不会被街上的噪声吵醒，可是孩子只要有些轻微动静，她会即刻从床上弹起来，可见她们的关爱是完全"清醒"的。同样，我们睡觉时不会滚下床，说明我们睡着的时候也意识到有边界。

人不论是夜晚睡觉还是白天活动都体现着他的完整人

格。在迷信者的眼里，催眠像是一种魔力，其实它充其量不过是睡眠的一种形态。在这种睡眠形态中，·被催眠者愿意听从另一个人的指挥，也知道对方想让自己入睡。一个简单的催眠形式就是当父母对孩子说"玩够啦，该睡觉了"，孩子就乖乖爬上床了。真正的催眠与此相似，一个人之所以会被催眠，原因在于他生性服从。而且越是服从，就越容易被催眠。

在催眠过程中，我们有机会让被催眠者创作图画、表达想法，或者回忆过去，这些都是他在清醒时因为自我压抑而不会去做的事。我们对被催眠者只有一个要求：服从。通过催眠，我们能够替当事人找到某些解决问题的方案——挖掘出一些可能已经被遗忘的童年记忆。

催眠作为一种治疗和治愈手段有其危险性。笔者不推崇催眠治疗法，只有在患者不信任其他治疗方法的时候我才会使用。我们会发现，被催眠的人有相当重的报复心。开始他们的确克服了困难，但他们的人生风格没有真正的改变。催眠就好比一种药物或机械手段，触及不到个体的本性。

如果想真正帮助一个人，我们就必须给予他勇气和自信，帮助他更好地认识自己的错误。催眠是做不到这些的。因此除了罕见个案，我们不应该使用催眠治疗法。

第八讲

问题儿童及其教育

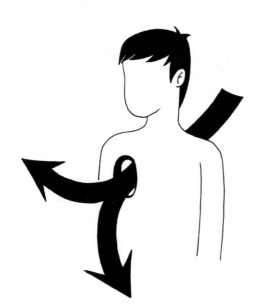

要纠正和解决儿童的教育问题，关键在于诊断出他们的人生风格。除了对人格原型形成期的孩子进行研究，个体心理学还运用其他方法：解读童年记忆和对未来职业的设想、观察个体的身体动作和心态、分析孩子在家中的排行。

我们该如何教育孩子呢？这也许是现今最重要的社会问题。在这方面，个体心理学贡献良多。教育——不论是家庭教育还是学校教育，其目的均在于培育和引导个体人格的形成，因此心理学为正确的教育方法提供了必要的基础。如果我们愿意的话，不妨把所有教育都看作是范畴宽广的融入了心理学智慧的生活艺术的一个分支。

先从教育的根本说起。教育最普遍的原则是它必须与个体将来要面对的生活衔接，这意味着教育必须与国家理想相一致。如果我们教育孩子时不考虑国家理想，孩子在日后的生活中很可能会遇到困难，不能很好地适应社会并成为其中一员。

当然，国家理想会改变：有时是突如其来的转向，比如革命之后；有时是潜移默化的渐变，需要经历一个演进过程。这意味着教育者必须有胸怀广阔的理想，这个理想应该是在任何时代都有一席之地的，都能指导一个人顺利地适应不断变化的环境。

学校与国家理想的关联当然取决于学校与政府的关系。政府的干预使国家理想反映在教育系统上。政府不直接干涉学生的父母或家庭，而是通过监管学校来影响教育。

从历史来看，学校的体制在不同时期反映不同的理想。在欧洲，学校最初是为贵族家庭设立的，体现的是贵族精神，也只有贵族才能在那里接受教育。后来学校由教会接管，变成了宗教学校，老师都是神职人员。再后来，国家对知识的需求开始上升，讲授的科目不断增加，对教师的需求也逐渐加大，超出了教会能提供的师资范围，于是非神职人员也进入了这个行业。

一直到近代，教师都不只是教书，他们还从事很多其他职业，比如当制鞋匠、裁缝，等等。当然这些人只懂得棍棒教育，学生的心理问题在学校是得不到解决的。

欧洲现代教育思想开始于裴斯泰洛齐的时代。裴斯泰洛齐是探索在棍棒体罚之外的其他教育方式的第一人。

裴斯泰洛齐理论的可贵之处在于他指出学校教育方法的重要性。只要方法得当，除了智力较弱的儿童，每个孩子都能学会读书、写字、唱歌、计算。无论何时我们都不能说已经找到了最佳的教育方法，教育方法永远都在提高改进之中。不断探寻更优的新方法，这才是正确而恰当的做法。

回顾欧洲学校的历史，值得注意的是，当教育方法得到一定程度的提高时，社会很快就需要大量会读写算数、基本能独立工作而无须时刻指导的工人。这时就出现了"每个孩子都要上学"的口号。如今，每个孩子都有接受教育的权利，这种进步离不开经济条件的允许以及反映这些经济条件的国家理想。

以前，欧洲只有贵族有影响力，社会只需要官员和劳工。

那些准备担任高官要职的人去接受高等教育，其他人则根本不上学。教育系统反映了那时的国家理想。今天的学校系统体现的国家理想不同以往了，学校不再要求孩子安静地坐着，双手交叠放在大腿上，不许走动。

在学校里，孩子是老师的朋友，他们不再被迫服从于权威，被迫听从，而是学校允许他们更独立地发展。在美国，这类学校自然是很多的，因为学校的发展总是与一个国家的理想相同步，这些理想清楚地反映在政府的法规里。

从学校的起源和组织管理可以看到，学校的体系与国家、社会理想是自然相连的，从心理学角度来看，这为学校作为教育机构提供了巨大的优势。心理学认为，教育的主要目标是帮助学生适应社会，学校比家庭更容易引导孩子社会化，因为学校更接近国家的要求，不会吝于批评孩子。学校也不会溺爱孩子，一般对孩子会持一种超然的态度。

国家理想不一定能渗透进家庭，很多家庭教育都是受传统观念主导的。只有当父母本身顺应了社会发展，理解教育的目标是社会化，家庭教育才能取得进步。父母明白这些道理，孩子就能得到正确的教育，为上学做好准备，在学校里他们才会为自己将来的生活角色做正确的准备。这应该是孩子在家庭和学校的理想的成长方式，学校是连接家庭和国家之间的桥梁。

前面我们讨论过，在一个家庭中孩子的人生风格在四五岁的时候就固定下来了，不会被直接改变。这指明了现代学校的发展方向。学校绝对不能批评或惩罚学生，而应力求塑造、教育和培养孩子的社会兴趣。学校不能再以压制和审查为教学原则，而应该力求理解并解决孩子的个人问题。

另一方面，由于父母和孩子关系亲密，父母往往很难为了社会需要来教育孩子，他们倾向于从自己的利益出发教导孩子，这样，在孩子身上培养出的习惯倾向与孩子日后的生活环境会发生冲突。日后孩子必然会遭遇巨大的困难，而且是从跨进校门的那一刻开始。孩子离开学校进入社会后，问题会变得更加棘手。

为了纠正这种情况，我们有必要纠正家长的教育观念。但这一般不容易做到，因为我们不太可能像影响孩子那样去影响家长。即使能直接与家长沟通，我们也会发现他们对国家理想兴趣不大，他们的传统观念根深蒂固，不愿意了解什么是国家理想。

不能改变家长，我们就只好广为宣传。最佳的宣传地点是学校，原因有三个：首先，大批孩子集中在学校；其次，人生风格中的错误在学校比在家庭中表露得更清楚；再者，老师应该是了解孩子问题的人。

正常的孩子不需要我们担心，我们不必去影响他们。那些充分发展、社会适应能力良好的孩子，最好不要去压制他们，让他们顺着自己的道路走下去，因为他们会自己找到一个积极健康的目标，培养优越感。由于他们的优越感是积极的，因而就不是优越情结。

然而在问题儿童、神经症患者、罪犯身上，优越感和自卑感同时存在，他们的优越感其实是优越情结，是为了补偿自卑情结。我们已经说过，自卑感每个人都有，只有当自卑感阻碍个人进步到了刺激其走向消极负面的时候，自卑感就变成了自卑情结。

所有这些自卑感与优越感问题都根源于孩子学前的家庭生活时期，正是在这个时期，孩子的人生风格形成，我们称之为人格原型，以区别于成人的人生风格。人格原型是未成熟的果实，假如发生什么问题，就好比果子上长了虫，果子长得越大、越熟，虫子也会长得越大。

如前所述，儿童成长中遇到困难，好比青涩的果子遭到了虫害，这些困难经常源自器官缺陷。器官缺陷造成的障碍是自卑感的常见根源。然而，我们要再次强调的是，导致成长问题的并不是器官缺陷本身，而是器官缺陷引起的社会适应不良，正是这一点为我们提供了教育的机会。只要锻炼一个人适应社会的能力，器官缺陷就不再是人生的"负债"，而会成为人生的"资产"。

我们之前也讨论过，器官缺陷可能会促使个体培养出非常特别的兴趣爱好，经过一番训练，这项爱好有可能支配个体的整个人生，只要这项爱好向有益的方向发展，它就会对个体产生巨大的影响。

器官缺陷是否能发挥它的积极作用要取决于它如何融入个体的社会适应过程中。假如一个孩子只喜欢看或只喜欢听，老师就有责任培养他全方位感知的兴趣，否则这个孩子就会与其他孩子步调不一致。

我们都很熟悉的一个现象：左撇子的小孩笨手笨脚。人们常常不会注意到一个孩子是左撇子，这是他变得笨拙的原因。惯用左手的孩子显得与其他家庭成员格格不入。这类孩子要么会变得争强好胜——这是个优点，要么会变得沮丧压抑、暴躁易怒。上学之后，他们要么喜欢跟人发生冲突，要么意志消沉，动不动就发脾气，做事缺乏勇气。

除了器官有缺陷的孩子，大批被宠坏的孩子上学之后也会遇到问题。现代学校的组织方式决定了老师不可能只关注一个孩子。偶尔有的老师善良又心软，会偏爱某些孩子，但随着孩子年级上升，这些受偏爱的孩子会逐渐失宠，再往后情况就更严峻。在我们的观念中，一个人如果没有做什么值得关注的事，就不应该长期受大家瞩目。

所有这些问题儿童都有明确的特征：他们没有能力应对生活问题。他们雄心勃勃，希望掌控一切，但这仅是为了一己之私，并没有替社会着想；他们好争辩，经常与人为敌；由于对所有人生问题都缺乏兴趣，他们常常胆小怕事。童年被溺爱的孩子没有做好应对人生的诸多问题的准备。

这类孩子还有其他特点：他们遇事谨小慎微，踌躇犹豫。面对生活问题，他们要么能拖就拖，要么完全丢开，注意力被别的事情分散，永远半途而废。

这些特质在学校的表现比在家里的表现更明显。学校像是一场实验或是一个酸性测试，一个孩子是否适应社会，是否能够解决问题，进了校门便见分晓。错误的人生风格在家里常常不被察觉，但到了学校就显露无遗了。

被溺爱和有器官缺陷的孩子总是想把生活的困难"排除"出去，因为他们有深深的自卑感，自卑感夺走了他们面对困境的勇气。然而，在学校里，我们可以通过适度控制孩子需要面对的难题，逐步培养他们解决问题的能力。这样，学校就成为名副其实的教育场所，而不仅仅是讲授课程的地方。

除了以上两类孩子，我们还要兼顾那些遭人厌恶的孩子。这类孩子通常其貌不扬、屡屡犯错、身体残疾，完全不能适应社会生活。开始上学之后，这类孩子是三类问题儿童中处境最困难的。

由此可知，不管教师或行政人员同意与否，学校必须把认识以上所有问题以及掌握这些问题的最佳解决方法纳入到学校的管理日程中。

除了以上这些问题儿童，还有一类孩子格外聪明，被视为天才儿童。有时候，这些孩子在某些科目上领先，使他们容易在其他方面也显得优秀。这些孩子敏感脆弱、满怀抱负，一般不太受同学欢迎。小孩子似乎能很容易感觉出他们当中的某一个不适应集体。天才儿童一般会被人们崇拜，但并不讨人喜欢。

不难理解，很多天才儿童都满意顺利地度过求学时光，可是踏入社会之后他们却没有一个适当的人生计划。当他们面临人生三大问题——社会适应、职业和婚恋时，困窘就出现了。他们在人格原型确立时期的经历在这时候会显现出来，我们可以看出家庭没有给他们适当的社会适应训练所造成的后果。他们在家里总是得心应手，人生风格中的错误隐而不显，一旦出现新情况，错误就露出水面了。

一个值得一提的有趣现象是，诗人们深谙人生风格与个体所处环境之间的关联性。无数诗人和剧作家都在戏剧和浪漫小说里描述过天才人物的曲折命运。莎士比亚笔下的人物诺森伯兰便是一例。诺森伯兰开始对国王十分忠心，可是当真正的危险降临时，他却变节了。

莎士比亚可以说是洞察人性的心理大师，他知道一个人在严峻的考验面前，人生风格会原形毕露。人生风格不是由逆境造成的，而是在此之前就已经成形了。

个体心理学为天才儿童提供的治疗方案跟其他的问题儿童一样。个体心理学家主张，一个人能成就任何事。这条体现平等精神的民主箴言褪去了天才身上的光环。天才总是背负着太多的期待，不停地被推着往前走，往往过度执迷于自身的利益。相信"一个人能成就任何事"的父母能养育出才华横溢的孩子，这些孩子不会高傲自负，也不会好高骛远。他们认识到优秀的成绩是训练加运气的结果，只要坚持适当的训练，他们能收获别人取得的任何成就。

对于其他孩子，也许他们的父母不能给予如此正面的思想影响，接受的训练和教育也相对逊色，但只要老师让他们认识到这个方法，他们也会有所成就。

这里提到的后一类孩子可能会失去勇气，因此我们必须保护他们，使他们避免被强烈的自卑感侵蚀。没有人能长期忍受自卑。原本这些孩子没有遇到过像上学时遇到的那么多的困难。可以想象，他们感到自己被困难淹没，因此想逃学，或彻底辍学。他们觉得待在学校没有希望，觉得在学业上没前途。假如现实真的如他们所认为的那样，他们在学校真的没有出路，那么我们不得不承认，他们厌学的行为倒是合乎情理的。

然而个体心理学家不接受他们的说法，不认为这些孩子在学校真的无药可救。个体心理学家坚信，每个人都能有所建树。孩子犯错不可避免，但错误可以改正，改正之后孩子还能继续前进。

然而，我们对这类孩子的情况经常处理不得当。一旦孩子在学校应对不了新困难，当妈妈的就会焦虑不安，密切关注。成绩不理想、在学校挨批评等，到了家里都会像回声一样被放大。那些被宠的孩子往往在家里都表现良好，可是上了学就开始变差，因为一离开家里，之前一直潜伏在心里的自卑情结就会蹦出来。这时孩子会怨恨溺爱自己的妈妈，觉得妈妈欺骗了自己。

妈妈在孩子的眼中不再是以前的样子，对新环境的焦灼使孩子全然忘记了过去妈妈是如何对待自己、如何疼爱自己的。

我们经常看到，在家争强好胜的孩子在学校却沉默安定，甚至抑郁不振。有时孩子的妈妈到学校里来说："这孩子总是闹腾，我整天不得空闲。"而老师却说："他整天都安静地坐着不动呀！"有时情况正好相反。

孩子的妈妈跑来说："这孩子在家可安静、可乖了。"老师却说："全班都被他扰得不得安宁。"后一种情况很容易理解：孩子在家是关注焦点，因此安静谦和，可是到了学校他就不是大家的注意力中心了，于是他变得好斗吵闹。反过来也是同样道理。

我们来看一个案例。有一个 8 岁的女孩，她是班长，在学校深得同学喜爱。可是她爸爸却来跟医生说："这孩子喜欢虐待人，是个不折不扣的专横的人，全家人都受不了她。"这是怎么回事呢？原来女孩是这个弱势家庭的第一个孩子。

只有弱势的家庭才会被这样一个孩子折磨。第二个孩子出生之后，女孩觉得处境不妙，但仍然希望像过去那样受家人重视，于是她开始调皮。在学校里她倒是表现良好，因为她备受赞赏，没有惹是生非的理由。

有些孩子不论在家还是在学校都状况不佳，家人和老师都抱怨连连，结果孩子的差错越来越多。有的孩子则不论在家还是在学校都邋邋遢遢。如果孩子在家和在学校的行为相同，我们必须从他过去的经历中寻找原因。不管是何种情况，我们都必须同时考察孩子在家和在学校的表现，才能对孩子的问题做出判断。

如果我们想准确把握孩子的人生风格以及他努力发展的方向，那任何一个方面对我们来说都很重要。

有时，一个本来适应得不错的孩子在学校遇到新情况之后变得不适应了，这种情形经常发生在被排挤的孩子身上。这里举一个欧洲孩子的案例。一个非贵族出身的孩子被送进贵族学校，因为他父母有钱且自视颇高。由于他不是贵族出身，同学都排挤他。这个孩子之前即使不是备受宠爱，至少也过得舒服自在。

可是忽然之间他发现自己被扔进一个四面楚歌的环境里。有时同学冷酷到孩子需要惊人的耐力才能忍受。大多数时候，孩子回家只字不提学校的事，因为他觉得丢脸，他默默地忍受着这可怕的煎熬。

这样的孩子到了 16 ～ 18 岁——即到了不得不像成年人一样走向社会、直面人生问题的年龄，就会忽然停滞不前了，因为他们失去了勇气和希望。他们不仅融入社会遇到障碍，在爱情和婚姻方面也屡屡挫败，因为他们已经无力前进。

我们该怎样对待这样的个案？他们的精力找不到发泄途径，他们被排挤，或感觉与世隔绝。有一类人想通过伤害自己来伤害他人，他们可能会自杀。

还有一类人想从世间消失，他们逃进疗养院，原本拥有的有限的社交技能也随之失去,他们跟常人的说话方式不同,不跟人接触,与整个世界对立。我们把这种状态称为"早发性痴呆",亦即精神失常。

要想帮助这类个体,我们就必须设法帮他们找回勇气。这些个案难度很大,但都是能够治愈的。

要纠正和解决儿童的教育问题,关键在于诊断出他们的人生风格。在这里值得回顾一下个体心理学发展积累的诊断方法。诊断人生风格对一个人的许多方面都有助益,在教育方面更是必不可少。

除了对人格原型形成期的孩子进行直接研究,个体心理学还运用其他方法:解读童年记忆和对未来职业的设想、观察个体的身体动作和心态、分析孩子在家中的排行。这些方法我们在前面都一一讨论过了,但可能有必要再次强调,"孩子在家中的排行"这一因素尤为重要,因为与其他研究角度相比,它与儿童教育发展的关系更为密切。

如前所述，孩子在家中的排行的重要含义在于，老大一度是家中唯一的孩子，后来随着弟弟妹妹的降生地位就下降了。也就是说，他一度"大权在握"，可最后"痛失王位"。而对于后出生的孩子，自己不是老大这一事实也决定了他们的心理成长状态。

那些排行最大的孩子往往思想保守，他们认为掌权的人应该一直掌权，权力失落仅仅是一个意外，他们深深地崇拜着权力。

老二的境况则截然不同。他们不但不是家里人关爱的焦点，还要跟跑在前面的哥哥姐姐竞争，他们总想跟老大平起平坐。老二不承认权力，但也希望权力易主。他们有一种向前奔跑的欲望，所有的行动都显示了他们在瞄准前面一个目标点奋力追赶。

很多家中的老二长大后力图改变科学和自然的法则，充满革命精神，但在政治上可能不太明显，而是更多体现在社会生活和对同伴的态度上。

如果家里有几个孩子都差不多长大成人了，这时又有一个孩子出生，那老么的境遇就跟老大差不多。

从心理学角度看，年龄最小的孩子的境遇特别有意思。这里说的"最小"当然指的是年龄绝对最小，再没有弟弟妹妹在他之后出生。这类孩子得天独厚，因为他们永远不会被"夺权"。老二是有可能失宠的，有的老二的经历跟老大是一样的悲剧，而老么则永远不会，因此他的排行最占优。其他条件相等的情况下，排行末尾的孩子成长得最好。老么具有老二的特点，精力充沛，一直努力超过其他孩子。虽然他们同样面对来自哥哥姐姐的竞争压力，不过他们往往会选择一条与其他家庭成员完全不同的道路。

假如其他人是科学家，老么可能会去当音乐家或商人；假如生在商人家庭，老么可能去当诗人。总之，他一定要与众不同。这是因为另辟天地相对容易，不必在同一领域与手足相争。因此老么喜欢走一条跟家人不同的路。这种策略显然反映出这个孩子多少有些勇气不足，假如他有勇气，就会跟哥哥姐姐在同一个领域竞争。

值得说明的是，我们根据孩子在家中的排行所做的预测仅仅是一般趋势，并非必然发生的规律。如果第一个孩子聪明机智，他可能根本不会被老二赶超，那么他也就不会经历任何悲剧。这个孩子能很好地适应社会，母亲可能会培养他对其他人的兴趣，包括关心刚出生的弟弟妹妹。然而，如果老大总是不可战胜，老二的处境就愈加艰难，有可能变成问题儿童。由于常常失去勇气和希望，这样的孩子会沦为情况最差的一类。我们知道，孩子参加竞赛必须要有胜出的希望，如果希望没了，一切就都没有意义了。

独生子女也有他们要面对的困境，因为他们整个童年都是家庭的关注焦点，由此形成的人生目标就是一直要当焦点。他们不会按逻辑来思考，而是遵循自己的人生风格来考虑事情。

女性较多的家庭也很麻烦，家中唯一的男孩的处境会很艰难。人们常常认为这样的男孩一定有些女性化，这种想法太夸张，毕竟我们都是在女性的教育下长大的。但是，这样的男孩的确面对相当多的困难，因为整个家主要由女性掌控。走进一户人家，我们能即刻辨认出这个家庭中是男孩多还是女孩多：两种家庭使用的家具会不一样，吵闹程度和整洁程度也不同。男孩多的家庭，损坏的物件多；而女孩多的家庭相对整洁。

在女孩多的环境中，男孩可能会刻意让自己显得更有男子气概，夸大自己性格中的男性特质。他们也有可能变得女孩子气，跟其他家庭成员一样。总之，他要么温柔和顺，要么桀骜不驯。后一种情况说到底是男孩在竭力证明和强调自己是个男人。

男孩群里有一个女孩这种情况同样棘手。这个女孩要么极其安静、阴柔，要么像男孩一样，男孩子做的一切她都想做。这种境况的女孩自卑感相当明显，因为她是男孩占优的环境里的唯一一个女孩。自卑情结源于"我不过是个女孩"这种心理感觉。"不过"一词传达了女孩全部的自卑情结。

这种情况下的女孩会试图打扮得像个男孩，长大后企图拥有跟男性一样的性关系。我们知道这些都是为了弥补自卑而形成的优越情结的表现。

我们可以用一个特别的案例来结束关于孩子在家庭中的位置的讨论。在这个案例中，第一个出生的孩子是男孩，第二个是女孩，两个孩子竞争激烈。女孩被推着向前走，不仅因为她是老二，还因为她是个女孩。她比哥哥更用功，精力充沛，独立自主，是个典型的排行老二的孩子。哥哥发现妹妹追赶得越来越近。我们都知道，女孩无论在生理还是心理上都比男孩发育得快，12岁的女生比同龄的男生要成熟得多。哥哥目睹着这一现象，不明其中原因，于是他心生自卑，想放弃努力。

他不再有任何进步，千方百计逃避。在这种情况下，有的男孩会躲进艺术创作中，有的则会罹患神经症、堕落成罪犯或精神失常。他们觉得自己没有足够的力气继续这场赛跑。

即使本着"一个人能成就任何事"的精神，这种情况都不易解决。我们能做的主要是让男孩明白，女孩之所以领先是因为她更用功，而且在训练过程中找到了更好的方法。我们也可以想方设法把男孩和女孩引向非竞争领域，隔得越远越好，以减弱竞赛的氛围。

第九讲

社会问题与社会适应能力

生活的一切问题归根结底都是社会问题。不论是在幼儿园、公立学校，还是在交友、政治、经济等领域中，我们处处都能看到社会。显然，人所有的能力都是围绕社会需要，造福人类而产生的。

个体心理学的研究目标是适应社会。这听起来很矛盾，不过假如有矛盾，也只是字面上的。其实，当我们关注到个人具体的心理活动时，就会意识到社会因素是如此关键。个体只有在社会环境中才能称其为个体。其他心理学流派把他们所说的个体心理学与社会心理学区分开来，我们不做这样的区分。我们一直试图分析个体的人生风格，但这些探讨是结合社会视角的，并且以最终应用于社会为目的。

现在我们继续前面的讨论，不过重点将放在社会适应这个问题上。我们要探讨的事实是相同的，但精力不再放在人生风格的诊断上，而是讨论人生风格在行为上的体现，以及采取适当的方法。

我们在上一讲主要讨论了如何培养和教育孩子，顺着这个话题，我们现在来分析孩子的社会适应问题。学校和幼儿园是社会机构的缩影，是现实社会的"简化形式"，我们可以从那里观察孩子的社会适应不良问题。

我们来看一个 5 岁男孩的行为问题。他的妈妈向医生诉苦，说这个孩子极其好动，让人头疼不已，她的全部精力都耗在他身上，一天下来精疲力竭。她表示再也受不了这个孩子了，如果这个治疗方法可取的话，她愿意让男孩离开家一段时间。

根据这位妈妈的描述，我们尝试置身于男孩的处境，设想那是一种什么情形。当我们听说一个 5 岁的男孩极其好动时，我们就很容易想象出他会有什么行为。随便一个孩子，处在那个年龄又极其活泼，他会做些什么呢？他可能会穿着厚重的鞋子爬上桌子，把自己弄得脏兮兮的；妈妈想读书，他就会折腾电灯，开了又关、关了又开；如果爸爸妈妈想弹钢琴、唱歌，这个男孩会干什么呢？他会大喊大叫，或者捂住耳朵，反复说讨厌噪声。他总是要这要那，一旦得不到满足，就大发脾气。

如果在幼儿园看到类似的行为，我们可以肯定这个男孩想惹是生非，他所做的一切都是为了挑衅。不论白天还是黑夜他都闲不下来，而父母却精疲力尽。这男孩永远不累，因为他不像父母那样要去做自己不想做的事情。他就是不想安静，就是要耗费别人的精力。

有件小事能充分说明这个男孩千方百计想要引人注目。有一天他被带去参加一场音乐会，他的父母在上面弹奏和演唱。一首歌进行到中途，男孩突然高声喊道："嗨！爸爸！"并绕着音乐厅踱来踱去。男孩的这种行为本来就能够预料得到，只是他的父母不理解这背后的原因。虽然他的行为很不正常，但父母仍然把他看作一个正常的小孩。

这个男孩有一个聪明的生活计划，在这个范围内他是正常的。他所做的都与这个计划相符。当我们洞察他的计划，就能猜测出相应地他会做出什么样的行为。因此我们可以断定，他不是智力较弱的孩子，因为这样的孩子是绝对不会有这么聪明的生活计划的。

如果妈妈邀请客人到家里来，男孩会把客人从椅子上推开，别人想坐哪张椅子他也要坐哪张。我们知道，这种行为与他的目标和人格原型都是相符的。他的目标是要超过并控制别人，时刻引起父母的注意。

我们可以判断出这个孩子曾经很受宠，如果他继续受宠，他就不会这么好斗。换句话说，他失去了曾经的优势地位。

　　他是怎么失去优势地位的呢？答案是：他后来一定有了弟弟或妹妹。这个 5 岁的孩子，面对新情况，觉得自己被"赶下了王位"，失去了家里的中心位置，所以他努力想去保住它。因此他要让父母的注意力时刻都在自己身上。此外还有一个原因：男孩没有为新出现的情况做好心理准备，原先被宠爱的时候他没有培养起公共情感，因此也就没有社会适应能力，他只看到他自己，只关注自己的利益。

　　当医生询问这个男孩怎样对待弟弟时，他的妈妈坚称他喜欢弟弟，可是他每次跟弟弟玩，都会把弟弟推倒。我们有理由相信，推搡这种行为可不是友爱的表现。

　　为了充分理解男孩的行为，我们不妨把他跟其他一些常见的好胜的孩子做比较。那些孩子不会无休止地争斗，因为他们太聪明了，知道假如自己没完没了地闹，最后一定会遭到父母的制止。他们时不时会收敛一下，循规蹈矩，但之前的行为还会"卷土重来"。就像在这个案例中那样，男孩跟弟弟玩的时候会把弟弟推倒。实际上，他跟弟弟玩的目的就是要把他推倒。

那么男孩对妈妈的态度又怎么样呢？如果妈妈打他屁股，他会哈哈大笑，坚持说他不疼；要是妈妈打得狠一点儿，他可能会安静一阵子，接着又开始"大闹天宫"。应该注意的是，这个男孩所有的行为都是由他的目标决定的，他做的每件事都正确无误地指向这个目标，以至于我们可以预测他的行为。但假如人格原型不是一个统一整体，或者我们无法了解人格原型的目标，他的行为就预测不到了。

想象一下这个男孩此后的生活。我们可以预测这孩子上幼儿园之后会发生什么事，正如我们预料得到他被带去参加音乐会会有什么样的表现。一般来说，假如周围的人都比他弱小，这个男孩会占主导；假如环境比较艰难，他会力争占上风。因此，如果遇上一个严厉的老师，他在幼儿园就可能待不久，会找借口逃避。他可能会持续处在紧绷的状态中，这种紧张状态会使他出现头痛、焦躁不安等症状。这些症状是神经症的早期表现。

假如环境温和愉悦，他会感觉自己是大家关注的焦点。在这样的环境中，他可能会成为全学校的领军人物，各方面都得第一。

我们知道，幼儿园是个社会机构，存在着社会问题。孩子必须做好准备应对这些问题，因为他们要遵守集体的规则。孩子在那个小社区里必须能使自己有益于群体，而只有对他人的兴趣大于对自己的关注，他才能成为对群体有益的人。

上了公立学校，也会出现同样的情况。我们可以想象这个男孩会怎么样。也许在私立学校情况会好一点儿，因为私立学校一般学生较少，孩子能得到更多关注，也许在那里没有人会注意到他是个问题儿童，老师反而会说："他是我们学校最出色的男孩，是最优秀的学生。"如果孩子在班上拔尖，在家里的行为可能也会得到改善，因为只在一个方面成为优胜者他就满足了。

上学之后，如果孩子的行为有所进步，我们可能会想当然地以为他在班上情况不错，有优越感。然而，实际情况常常是相反的。在家深得宠爱、乖巧听话的孩子在学校常常是捣蛋鬼。

在前面我们说过，学校是家庭和社会之间的一个过渡。照这个模式我们不难了解那个 5 岁的男孩进入社会之后会怎么样。生活不会像他在学校时那样主动给他提供有利的环境。人们常常诧异，想不通有些在家和学校都表现出色的孩子后来却无所作为。这类个体有的变成患神经症的"问题成人"，神经症后来又变成精神失常。类似个案让人费解的原因在于，之前人格原型被个体所处的优势处境所掩盖，直到成年的时候才显现出来。

因此，我们必须学会洞察个体处在顺境时人格原型出现的差错，至少意识到它的存在，尽管它非常不易识别。某些迹象可以确定无疑地表明人格原型出现了错误。比如，总想引人注意并缺乏社会兴趣的孩子经常不修边幅，因为邋遢能让他占据别人的时间。这样的孩子晚上不愿意入睡，大声哭叫或尿床。他故意操纵焦虑情绪，因为他发现焦虑是一个武器，可以用来迫使别人服从。所有这些都是孩子处在有利情境时的表现，仔细观察它们能帮助我们做出正确的判断。

回到前面讨论的人格原型有差错的男孩，看看他到了十七八岁，接近成年时的生活会怎么样。这个男孩过去的经历犹如一片苍茫的内陆，隐晦难辨，他的目标和人生风格不容易被看清。但只要活着，他就必然面对我们所说的人生三大问题：社会适应、职业、婚恋。这些问题源于人类生存本身必然产生的各种关系。社会化涉及我们如何对待他人、我们对整个人类以及人类未来的态度。社会化关乎人类的存续，因为人的生命如此有限，人类只有团结互助才能延续下去。

在职业方面，从男孩在学校的表现我们可以断定，假如这个男孩总是带着居他人之上的态度去找工作，他会很难找到合适的职位，因为几乎没有岗位是不用当别人的下属或者不用跟人合作的。由于这个男孩眼里只有自己的利益，他永远都当不好一个下属。这样的人在商业领域也得不到他人的信赖，因为他不能让自身的利益服从公司的利益。

总体来说，职场成功与否取决于社会适应能力的强弱。一个人如果能够了解同事和顾客的需求，能站在别人的立场上去看、去听、去感受，那么他在商业领域也将具备巨大的优势，能不断地进步。而我们讨论的这个男孩不具备这样的能力，因为他一心只想为自己谋福利，他只具备职业晋升必需的一部分素质，因此他在职场上是失败的。

大多数情况下，这样的个体从来没有为开始工作做好准备，或者很晚才能开始职业生涯，可能到了 30 岁他还不知道自己想干什么。上学的时候他们频繁地换课程，到了工作中就不停地换岗位。这说明他们什么环境都适应不了。

有时我们看到一个十七八岁的年轻人努力拼搏，但他们不知道自己到底想干什么。了解这样的年轻人，给他提供职业选择上的建议是很重要的。即使到了那个年龄仍然可以从头培养对某个领域的兴趣，接受适当的训练。

尽管如此，男孩到了十七八岁还不知道自己将来想干什么，这是让人忧虑的，这类孩子往往不会有多大成就。因此，不论在家还是在学校，都应该专门花精力去激励男孩在这个年龄之前思考自己未来的职业。学校可以给学生布置作文，以类似"我将来想做什么"为题目。当被要求以这样的题目写作时，孩子肯定就要去思考这个问题，否则他们可能永远都不会去想，等他们意识到的时候已经太迟了。

年轻人要面对的最后一个问题是爱情和婚姻。只要人类还存在两种不同的性别，这个问题就至关重要。假如我们全都是一种性别，情况就大不相同了。因此，我们必须训练如何对待异性。在后面我们将详细讨论爱情和婚姻，在这里我们只提一提爱情和婚姻与社会适应问题的关联。缺乏社会兴趣会导致社会适应不良和职业适应不良，同样也会导致个体不能恰当地与异性交往。一个完全以自我为中心的人是无法经营两个人的关系的。诚然，性本能的其中一个目标就是驱使我们走出自身狭小的空间，迎接社会生活，心理上我们必须向性本能妥协。假如我们不做好忘掉自我的准备，让自我融入更宽广的社会中，性本能就无法充分实现它的功能。

现在我们来总结一下关于这个男孩的讨论。我们看到，他在人生三大问题面前既沮丧失望又害怕失败。他有个人的充满优越感的目标，那就是尽可能地回避生活的所有问题。那么他还能干什么呢？他融不进社会，对他人心怀敌意，疑神疑鬼。由于对他人毫无兴趣，他不在乎自己在别人面前的形象，因此他经常衣衫褴褛、蓬头垢面，完全一副精神病患者的模样。众所周知，语言是社交工具，但他不需要语言，因为他根本不说话。不说话是早发性痴呆的特征之一。

这个男孩用自己制造的障碍逃避了所有的生活问题，他只能被送进精神病院。他的充满优越感的目标使他与世隔绝，且改变了他的性驱力，使他不再是个正常人。有时他试图飞上天堂，有时他想象自己是国王。他通过这种方式表达自己充满优越感的目标。

我们反复说过，生活的一切问题归根结底都是社会问题。不论是在幼儿园、公立学校，还是在交友、政治、经济等领域中，我们处处都能看到社会。显然，人所有的能力都是围绕社会需要，造福人类而产生的。

我们知道，社会适应能力不足早在人格原型期就萌芽了，问题的关键在于如何及时弥补。如果有人告知家长如何避免这些严重错误，如何诊断人格原型错误的种种细微表现并懂得纠正，情况将大大改善。但实际上这不太可能实现。很少有家长愿意去学习以避免犯错，他们对心理学和教育问题不感兴趣，他们要么溺爱孩子，敌视任何不把他们的孩子也看作宝贝的人；要么就对孩子漠不关心。因此让家长来纠正孩子的错误不会有多大的成效。另外，也不可能短期内让家长获得足够多的认识，告知并建议他们应该做什么需要花费大量时间，还是请医生或心理学家帮忙要方便得多。

除了让孩子接受医生和心理学家的治疗外，从学校体制和教育方法入手效果是最好的。人格原型的错误经常是孩子上学之后才显现出来的。了解个体心理学方法的教师短时间内就能辨认出孩子错误的人格原型。老师会观察一个孩子是愿意跟其他孩子玩耍，还是总想突出自己、引人注目。老师也能看出哪些孩子有勇气，哪些孩子没有。有经验的老师在孩子入学的第一周就能发现他们的人格原型的错误。

教师这个社会角色的性质决定了他们更有能力纠正孩子的错误，学校的存在正是因为家庭不能充分教育孩子去应对社会需求。学校是家庭的延伸，孩子的性格培养很大程度上在学校里完成，他们在那里学会应对生活的问题。

学校和教师具备心理学智慧是非常必要的，这些知识有助于他们顺利充分地履行职责。在未来，学校必然会更多地依赖个体心理学的方法，因为学校的真正目的就在于塑造孩子健全的人格。

第十讲

社会感、
常识与自卑情结

在所有自卑情结和优越情结的案例中，个体由于缺乏勇气，无法在社会上发挥作用，也无法在积极有益的领域取得成果。缺乏勇气会阻碍个体顺应社会发展。同时，个体在理性上也认识不到顺应社会发展的必要性和作用。

我们已经知道，社会适应不良产生于个体的自卑感和对优越感的追求。自卑情结和优越情结这两个术语本身就暗示了"适应不良"所导致的结果。这两种情结既不是与生俱来的，也不存在于个体之中，仅仅产生于个体与环境的互动过程中。为什么不是所有人都有这两种情结？每个人都有自卑感，都努力争取成功和优越感，这两方面构成一个人的精神生活。然而却不是所有人都有自卑情结和优越情结，原因在于有些人的自卑感和优越感能够被他们的心理机制所驾驭并引向有益于社会的方向。这个机制的组件包括社会兴趣、勇气、社会意识以及常识逻辑。

我们来研究一下这个机制是如何发挥作用和丧失作用的。我们知道，只要自卑感不是太强烈，一个孩子总会努力做个有价值的人，生活在积极的面向上。为了实现自己的目的，这样的孩子会关心其他人。社会感和社会适应能力是正常恰当的补偿。从某种意义上来说，不论小孩还是大人，只要他努力争取优越感，就一定会培养出社会感和社会适应能力。绝对找不到一个人能完全真心地说："我对别人不感兴趣。"他可能行为上表现如此，仿佛对这个世界漠不关心，但实际上并不是。相反，有些人声称自己对他人不感兴趣，其实是为了掩饰自己社会适应能力不足。这无声地证明了社会感人皆有之。

尽管如此，社会适应不良的情况的确存在。我们可以通过一些边缘案例来研究它的成因。在这些案例中，自卑情结虽然存在，但由于个体处在有利环境中，使得它并不显现。这时自卑情结是隐藏的，或至少有隐藏的倾向。因此，如果一个人不面临困难的考验，他可能看上去志得意满。但仔细观察，我们会发现他其实是有自卑感的，假如不体现在语言表达和观点上，至少从态度上也可以看出来。这就是自卑情结，是自卑感加深的结果。受自卑情结困扰的人由于以自我为中心，常常给自己加上很多负担，同时他们又在寻找途径让自己从重担下解放出来。

一个有趣的现象是，有的人掩饰他自己的自卑情结，而有的人却直言不讳："自卑情结让我痛苦。"这些人很欣赏自己的坦诚，自觉比别人胜出一筹，因为他们敢于承认，而别人不敢。他们对自己说："我是诚实的，我不隐瞒自己痛苦的原因。"但是在承认自卑情结的同时，他们也委婉提到了生活中遇到的困难，或者其他导致他们自卑的情况。他们可能会谈到父母或家庭，或者说他们自己没有接受好的教育，又或者描述生活中发生的意外、约束、压抑等。

自卑情结经常隐藏在优越情结的外表之下，后者是前者的补偿。这样的个体往往傲慢、鲁莽、自负、势利，重视外表甚于行动。

这样的个体早年奋斗时可能会出现怯场心理，之后就以怯场为理由为自己的一切失败找借口。他会说："如果不是因为怯场，我有什么做不成？"这些带"如果"字眼的话语通常隐含着自卑情结。

有自卑情结的人还可能表现为狡猾、谨慎、爱钻牛角尖，他们逃避生活的主要问题，或者故意给自己找一个受诸多原则和规矩约束的狭小领域。如果一个人总是倚靠其他东西来支撑身体，这也暗示他有自卑情结。这样的个体不自信，他们有一些怪异的嗜好，总在一些鸡毛蒜皮的小事上耗费精力，比如收集报纸或广告。他们一边浪费时间，一边给自己找借口。他们在消极无用的生活层面上过分浪费时间，长此以往就导致强迫性神经症。

不管孩子外在表现出的是什么问题，所有问题儿童身上都隐藏着自卑情结。因此，懒惰实际上是逃避生活的重要方法，是自卑情结的反映；偷窃是趁别人不注意或不在场时从别人身上得到好处；撒谎无非是没有勇气说真话。孩子的所有这些外在行为包裹着的都是自卑情结。

自卑情结的进一步加深就形成了神经症。患焦虑性神经症的人可以为所欲为。他千方百计要人陪伴，只要有人陪，他的目的就达到了。他依赖别人帮忙，要别人为他忙前忙后。从这类患者身上我们看到，他的自卑情结转化为了优越情结。其他人必须为他服务，只要有人照顾着，神经症患者的优越感就得到了满足。类似的情结演变过程在精神失常者身上也很常见。自卑情结导致他们排斥、躲避生活问题。可最后当他们被逼入绝境时，他们就幻想自己是伟人，在想象的世界中功成名就。

在所有这些自卑情结与优越情结的案例中，个体由于缺乏勇气，无法在社会上发挥作用，也无法在积极有益的领域取得成果。缺乏勇气会阻碍个体顺应社会发展。同时，个体在理性上也认识不到顺应社会发展的必要性和作用。

上述分析在罪犯的行为上体现得最为明显。罪犯是自卑情结的典型案例。他们通常既胆小又愚蠢。懦弱和愚蠢是同一心理倾向的两面。

我们也可以从这个角度来分析酗酒者。他们想从生活的种种问题中解脱出来，但由于懦弱，他们满足于在消极无益的生活方式里寻求释放。

这类人的个体意识形态和理性观念与正常人具有的勇气和社会常识存在天壤之别。比如，罪犯总是会给自己找借口，或者指责别人。他们会抱怨劳动赚不到钱，或者残忍的社会不帮助他们。他们会说为了填饱肚子，他们不得不听从胃的指挥。被判刑的时候，他们说出的理由跟儿童谋杀犯威廉·西克曼一样："是上天让我这么做的！"另有一个谋杀犯被判刑的时候说："被我杀掉的这个男孩他本身有什么价值呢？像这样的男孩成千上万。"还有一个"哲学家"式的杀人犯，宣称杀掉一个有钱的老妇人并不是坏事，因为有那么多有价值的人在忍饥挨饿。

这些人的逻辑给人感觉他们在强词夺理，实际上也的确站不住脚。他们的整个人生观受无益的生活目标所影响，而之所以会选择那样的目标是由于他们缺少勇气。他们总是给自己找各种各样的理由，然而一个建立在积极有益的生活层面上的目标是理所当然的，并不需要借口。

我们来看几个真实的临床案例，这些案例充分展现了个体顺应社会的生活态度和目标是怎样转变成反社会的生活态度和目标的。第一个案例是个叫安妮的将近 14 岁的女孩，她成长在一个正直的家庭里，父亲刻苦勤劳，尽最大能力赚钱养家，可是后来他病倒了。母亲是个善良的主妇，非常疼爱她的 6 个孩子。最大的孩子是女儿，优秀出色，可惜 12 岁就夭折了；二女儿也患病，但后来康复了，找了份工作，帮忙贴补家用。第三个孩子就是我们要谈的女孩，她一直身体健康，母亲的大部分精力都花在两个生病的姐姐和父亲身上，没有时间照顾她。安妮有个弟弟也很优秀但多病。因此安妮被夹在中间，姐姐和弟弟都会得到更多的关爱。安妮是个好孩子，但她觉得自己不如其他孩子那么得宠，她抱怨自己被轻视，感觉很压抑。

在学校里，安妮表现出色，是一个优秀的学生。由于成绩优异，老师建议她继续升学，于是她 13 岁半就跳级上高中了，然而新老师并不喜欢她。刚开始她成绩不太好，因为得不到赏识，她的表现每况愈下。以前，由于老师欣赏，她不是问题儿童，那时她成绩优秀，也受同学欢迎。不过个体心理学家从她的交友方式看出了问题所在：她喜欢批评朋友，喜欢占上风；她想充当众人瞩目的焦点，喜欢被人吹捧，不能接受批评。

安妮的目标是得到别人的赞赏、青睐和照顾，她发现自己只能在学校里获得这些，在家里得不到。可是到了新学校，她发现没有人欣赏自己了，老师责骂她，总说她没准备好，给她糟糕的评分。最后，安妮选择了逃学，好多天不去学校。

她再次回到学校之后，情况变得比以前更糟，最后老师提议开除她。

开除学生一点儿益处也没有，只能说明学校和老师没有办法解决问题。可是，他们要是没办法，就应该找人帮忙，也许别人能做点儿什么，比如可以跟女孩的父母谈谈，安排她转校，或者找另一个能更好地理解安妮的老师。可是安妮的老师不这样想，她的理由是：逃学、落后的孩子就必须开除。这显示了老师凭一己之偏见做出了决策，而不是基于常识，而常识是一位老师尤其应该具备的素质。

我们可以猜想接下来的情况。安妮失去最后一线希望，她觉得生活的一切都辜负了她。由于被学校开除，她从家人那里得到的些许赞赏也没有了。于是她离家出走，消失了几天几夜，最后大家发现她和一名士兵在谈恋爱。

安妮的行为很好理解。她的目标是被人欣赏，之前她一直是往积极的方向努力，可是现在转向了消极无益的方面。这名士兵刚开始欣赏她、喜爱她。可是后来家人收到安妮的来信，她在信上说她怀孕了，想服毒自杀。

给家人写信这一举动符合她的性格：她期望从谁那里获得肯定，她就会投向谁。她一直寻找别人的肯定，直到最后又回到家人身边。她知道，离家出走让母亲绝望透顶，只要她肯回家，家人就不会批评她。她又觉得，家人见到她回来，一定会特别高兴。

我们在处理这类个案时，同理心至关重要，亦即能够站在当事人的立场上来思考问题。在这个案例中，当事人渴望被赏识，并一直朝这个目标努力。假如置身于当事人的处境，我们应该自问："假如是我的话，我会怎么做？"当然，一定要考虑到当事人的性别和年龄。我们应该不断鼓励这样的个体，鼓励他们往有益的方向努力。对于安妮，我们应该鼓励她，使她能够对自己说："也许我应该转学，我并不落后。我可能没下足功夫，也许我没有正确遵守规则，也许我在学校太自以为是，没有理解老师的话。"只要获得勇气，一个人就能学会在积极有益的人生层面上锻炼自己。勇气缺失加上自卑情结会毁掉一个人的人生。

如果我们把另一个人放到安妮的处境上，会发生什么情况？假如是个男孩，处在安妮那个年龄，他可能就沦为罪犯了。如果一个男孩在学校失去了勇气，他就会渐渐远离学校，加入社会中的某个团伙。当男孩失去希望和勇气，他就会变得懒散拖沓，在旷课说明书上签假名、不做功课，寻找逃学之后可去的地方，在那些地方结识一些跟他有相同经历的朋友，成为某些团伙的成员。之后他就对学校彻底失去了兴趣，越来越固执己见。

自卑情结常常源于一个人自认没有特殊才能。有这种想法的人认为有的人有天赋，有的人没有。这种观点本身就是自卑情结的表现。个体心理学认为，一个人能做成任何事。一个孩子放弃追求人生格言的希望，感到自己无力在积极有益的生活层面上实现目标，这就是自卑情结的表现。

性格特征得之遗传这种观念也是自卑情结的表现。假如这种观念是对的，一个人的成功完全依赖于天生的才能，那么心理学家就无用武之地了。事实上，成功源自勇气。心理学家的工作就是帮助个人将绝望变成希望，从而调动起生命的力量去从事有益的工作。

我们曾目睹一个 16 岁的年轻人被赶出校门后在绝望中自尽了。自尽是某种报复，某种对社会的控诉。年轻人通过这种方式肯定自我，可惜只是一种刚愎自用的自我肯定，而非人们常识中的自我肯定。对于这样的个案，我们要做的是赢得他们的信任，给予他们勇气，使他们迈上有益的人生道路。

我们还可以举出大量其他的例子。一个 11 岁的女孩在家里得不到疼爱，其他兄弟姐妹都比她得宠，她觉得自己没人关心，所以她变得暴躁、好斗、叛逆。这个案例也很容易分析：这个女孩得不到家人欣赏，刚开始尝试做一番努力，但后来她失去了希望。有一天她开始偷东西，对于心理学家来说这算不上犯罪，仅仅是小孩子想获得优越感的举动而已。如果不是她感到内心空虚，她就不会做出这种行为。

女孩的偷窃行为是缺少家庭关爱、内心失落绝望的结果。空虚感不一定代表孩子实际生活中真的有欠缺，但这种感觉是导致他们做出某个行为的真实心理原因。

再看一个 8 岁男孩的案例，他是私生子，长相也不好看，跟养父母一起生活。他的养父母并不用心照顾他，也不约束他。养母给他糖果吃时，是他最快乐的时刻。糖果很少的时候，男孩会非常难过。养父年纪已经很大了，养父母后来生了一个女儿，养父全部的欢乐都来自这个孩子，无时无刻不在溺爱着她。他们继续收留这个男孩不过是为了不必支付他在外面的生活费。养父回家时会带糖果给小女儿，却不给男孩，于是男孩就偷糖吃。偷窃是因为他觉得自己没有被关爱，因此他要通过偷来找回优越感。养父因为他偷东西而打他，但他依旧不改。有人可能会认为男孩被打之后仍然继续偷，表现出了他的勇气，其实不然。他在偷东西的时候总是希望不被发现。

这个案例中的男孩是个被厌恶的孩子，他从来没有体验过成为某个群体的一员是什么滋味。我们必须赢得他的信任，给他机会融入一个集体中去生活。当他学会认同别人时，他就会懂得站在别人的处境看问题，他就会明白养父知道他偷东西后心里是什么感受，妹妹发现糖果不见了心里又是什么感受。这个案例再次说明，缺乏社会感、缺乏理解、缺乏勇气三者加在一起形成了个体的自卑情结。这个案例反映的是一个被厌恶的孩子的自卑情结。

第十一讲

爱情与婚姻

只有良好适应社会的人才能妥当处理爱情与婚姻问题。在大多数爱情与婚姻受阻的个案中，我们发现错误都在于个人缺乏社会兴趣，只有当个人改变，错误才能避免。

要为爱情与婚姻做好准备，个体必须融入社会，良好地适应社会。除了这个一般性的要求，个体还应该接受一定的性本能的训练，这种训练必须从儿童时期开始一直坚持到成年。训练的目的在于使个体将来能从婚姻和家庭中获得正常的满足感。个体在爱情婚姻方面的能力、缺憾与倾向都能在儿童时期形成的人格原型中看到。通过观察人格原型的特质，我们能预测个体成年后会面临怎样的困难。

人们在爱情与婚姻方面遇到的问题与一般性的社会适应问题有相同的本质，都会面对相同的困境和相同的任务。如果有人以为爱情和婚姻是万事如意的天堂，那可就错了。爱情和婚姻中始终存在着各种各样的任务，而要完成这些任务，就必须时刻考虑到对方的利益。

爱情与婚姻比普通的社会适应问题更要求个体具有高度的同理心，即认同对方的能力。现今很少有人在开始家庭生活之前就能做好充分准备，这是因为他们一直没学会用另一个人的眼睛去观看、用另一个人的耳朵去倾听以及用另一个人的心去感受。

我们在前面花了大量时间来讨论有一类孩子在成长过程中只关心自己、不在乎别人的现象。我们不能指望这类孩子随着生理性本能的成熟而一夜之间就改变性格。正如他没有为社会生活做好准备一样，他也没有为爱情和婚姻做好准备。

社会兴趣的培养是个缓慢的过程。只有那些从小就接受社会兴趣方面的训练并一直在积极有为的生活层面上努力的人才能真正培养出社会情感。因此，要判断一个人是否真的准备好与异性一起生活，难度并不大。

我们只需记住的是之前关于积极有为的人生层面的观察分析。在这个层面上的个人充满勇气和自信，他们会主动寻找解决生活问题的办法，他们有同伴和朋友，能与邻居和睦相处。不具备这些特征条件的个人不值得信赖，他们也还没有准备好步入爱情与婚姻。另外，如果一个人有职业，并且在工作中持续进步，我们也可以判断他适合结婚。是否有职业只是一个人的小侧面，但这一点意义重大，它暗示了一个人是否具有社会兴趣。

从社会兴趣的本质上，我们可以看到爱情与婚姻中的问题唯有在完全平等的基础上才能得到满意的解决。基本的互相迁就是最关键的，至于一方是不是敬重另一方倒不重要。爱情本身不能解决任何问题，因为爱情五花八门。爱情只有建立在双方合理平等的基础之上，才能踏上正确的方向，确保婚姻的成功。

假如夫妻中有一人想在结婚后充当征服者，结局很可能是悲哀的。期待在婚姻关系中扮演征服者不是正确的心理准备，婚后生活将会证明这一点。婚姻中没有征服者的位置，因此谁也不可能充当征服者。婚姻的维持要求一方关心另一方，要求双方站在对方立场上思考。

我们现在来探讨一下建立婚姻关系需要做哪些特别的心理准备。正如前面所说，这种心理准备的其中一项就是个人要培养与性吸引力相关的社会感。事实上，每个人从童年开始心目中都有一个理想的异性形象。对男孩而言，这个理想形象很可能是自己的母亲，他们长大后寻找的结婚对象会跟母亲相似。但假如母子相处不愉快，男孩很可能会找一个跟母亲类型完全相反的女朋友。母子关系的亲疏与男孩日后选择的女性类型之间是对应的，我们甚至可以从两个女性的眼睛、身材、发色等细节的比较上观察出来。

我们知道，如果男孩有一个独断专制的母亲，那么到了该恋爱结婚的时候，他往往不愿意大胆面对。在这种情况下，他理想的对象可能是柔弱温顺型的女孩。假如男孩生性好斗，婚后也会和妻子争吵，试图支配对方。

可以看到，当一个人面对爱情问题的时候，童年时就已经显现出来的特质会愈加明显。我们不难想象一个被自卑情结折磨的人在两性关系上会如何表现。他会感到脆弱而自卑，而他表达这种感受的方式就是总希望有人帮助。这类人心目中的理想对象是充满母性的。但有时，为了补偿自卑感，他在爱情上可能表现出相反的性格，傲慢、无礼、有攻击性。如果他又缺乏胆量，他就会觉得自己的选择不多，可能最终会挑一个争强好胜的女孩，自以为在激烈的战斗中征服一个强劲的对手更加荣耀。

不论男女，在婚姻关系中这么做都不会成功。利用两性关系来满足自身的自卑情结和优越情结似乎愚蠢可笑，但这种情况相当常见。仔细观察就会发现，许多人要寻找的伴侣其实是受害者。这些人不明白，不可以利用两性关系来达到征服的目的。如果一个人想征服他的伴侣，那他的伴侣也必然想反过来压倒他，如此一来，两人就无法共同生活了。

透过利用两性关系来满足个人的自卑情结和优越情结这个视角，某些奇特的择偶行为就可以得到解释了。由此我们能明白为何有些人选择体弱多病或年老的人作为伴侣：他们认为和这样的人交往会简单些。有些人偏偏要找已经结了婚的人，这说明他们从来不想真正解决问题。有些人则同时爱上两个人，正如之前我们解释过的，这背后的原因在于"应付两个女朋友比应付一个要容易"。

我们之前说过，有自卑情结的人会频繁变换职业，不愿正视问题，总是半途而废，在爱情方面也是如此。爱上已婚者或者同时爱上两个人就是这类人的惯常现象。此外还有其他表现，比如订婚之后迟迟不结婚，或者没完没了的求爱却没有一段关系最后发展成婚姻。

那些被宠坏的孩子结婚后依旧不改本性，他们指望配偶来宠爱自己。在谈恋爱的初期或新婚燕尔，这可能不会有什么问题，但时间一长，情况就复杂了。想想，两个被宠坏的人结婚会是什么情形？他们都想得宠，都不愿施宠，就好比两人面对面站着，都希望对方给予，但都不想为对方付出，两个人都觉得自己不被理解。

我们不难想象当一个人感觉自己被误解、行动受到约束时会怎么样。他会感到自卑，渴望逃避。在婚姻中，当一个人感到绝望时，这种情绪就会尤其严重。这时候报复心理会悄悄潜入，一方企图扰乱另一方的生活。最常见的就是出轨，不忠绝对是一种报复。出轨的人总是会以爱和感情这些借口来证明自己没做错，但我们都知道感受和情感是怎么回事：感受总是与充满优越感的目标相一致的，不应该作为争辩的理由。

举个例子来说明这一点。有一个被娇惯的女子结了婚，她的丈夫总是觉得自己不如他的兄弟。不难理解，这位男士迷上这位温柔甜美的独生女，而女子总是想得到男子的欣赏和宠爱。他们的婚姻开始很美满，直到孩子降生。我们可以预料接下来会发生什么。妻子想永远是丈夫关注的中心，害怕孩子夺走自己的地位，因此很不情愿生下孩子。而丈夫也希望妻子更爱的是他，也担心孩子抢了他的位置。于是夫妻两人都变得疑心重重。他们并不忽略孩子，还是相当称职的父母，但他们总是预期彼此之间的爱意将消减。这样的猜疑是危险的，因为一旦夫妻间的每句话、每个动作、每个表情都要经过一番斟酌，就很容易让人觉得他们的爱情变淡了。这对夫妻两人都察觉到了这种微妙的变化。

这时，丈夫去巴黎享受假期了，而妻子还在产后恢复，同时还要照顾婴儿。丈夫从巴黎给妻子寄回一封又一封信件，兴高采烈地描述他的假期有多愉快，见到了形形色色的人，等等。这让妻子觉得自己被遗忘了，不再像以前那么快乐，变得闷闷不乐。很快她就得了空间恐惧症，再也不能独自出门，丈夫回来之后不得不时刻陪伴她。至少从表面上看，妻子的目的达到了，夺回了丈夫的关注。然而这不是正当的心理满足。她总感觉，一旦她的空间恐惧症被治好，丈夫也会随之离开她，于是她的病一直好不了。

在她生病期间，她遇到了一个医生，他对她关怀备至。在这个医生的治疗下，她的病情大为好转。她把所有对朋友的情谊都倾注到了这位医生身上。可是，医生看到她的情况改善后，就不再花精力照顾她了。她给医生写了一封文情并茂的信，感谢他为她所做的一切，可是医生没有回信。从那时起，她的病情又恶化了。

她开始冒出与其他男人约会以报复丈夫的念头和幻想。然而，她的空间恐惧症"保护"了她，因为她不能独自出门，时刻都要丈夫陪伴，因此没有出轨成功。

目睹了人们在婚姻中犯下的如此多的错误，我们不免要问："这些错都是必要的吗？"我们知道，这些错误根源于童年，如果能辨识、发现人格原型中的特质，就有可能改变错误的人生风格。因此，我们考虑是否有可能建立咨询服务机构，利用个体心理学的方法纠正婚姻中出现的错误。在这些机构工作的都是训练有素的专业人员，他们能解读个体生活中所有事件之间的关联，能够站在咨询者的角度理解、认同前来求助的人。

咨询师不会对求助者说："你们合不来，总是吵架，应该离婚。"离婚有什么用呢？离了之后会怎么样？一般离了婚的人还想再结婚，人生风格也不会改变。一些人离婚又结婚，结婚了又离婚，错误一再重演。他们可能会问咨询师自己计划的婚姻或恋爱关系能不能成功，或者他们会在离婚之前去进行咨询。

许多细小的错误开始于童年时期，到了结婚之后就变得严重起来。有些人顽固地认为生活一定会让自己失望。有些孩子从来都郁郁寡欢，害怕失望，他们要么觉得自己不再被爱，得宠的地位已经被他人取代，要么早年经历过的困难留给他们一种恐惧，惧怕悲剧再次重演。我们很容易看到，害怕失望的人结婚之后会变得忌妒或猜疑。

对于女性来说，一个特别棘手的情形是她们认为自己不过是男人的玩偶，男人总是不忠诚的。显然，带着这样的观念步入婚姻注定是不幸的。当一方认定对方必定会出轨，婚姻美满将是个幻影。

从人们喜欢咨询爱情与婚姻问题的情形来看，爱情与婚姻普遍被视为人生中的重大问题。然而，对个体心理学来说，爱情和婚姻并不是人生中最重要的主题，尽管两者的重要性不可低估。在个体心理学看来，生活问题无所谓孰轻孰重。如果人们过于强调爱情与婚姻，把它看作人生中最重要的事，结果可能会失去和谐的生活。

人们过分重视爱情与婚姻问题也许是因为它跟人生的其他主题不一样，我们无法获得常规的指导。回想一下我们之前讲过的人生三大主题：社会适应、职业、婚恋。社会适应涉及的是如何与他人交往，我们从呱呱坠地起就被教导如何与别人相处，很小的时候我们就学会了这些事情。在职业方面，我们也接受常规的训练，有良师为我们提供职业技能的指导，还有书本可供参考。可是有没有书本教我们如何为爱情和婚姻做准备呢？当然，关于爱情和婚姻的书籍数不胜数，世上的文学作品都离不开爱情故事，但描述幸福婚姻的书籍屈指可数。由于我们的文化与文学紧密相连，以至于大家的注意力都被锁定在那些深陷婚恋困境的男男女女身上，因此也难怪人们对待婚姻总是格外小心。

爱情与婚姻自人类文明伊始就是个百说不厌的话题。翻开《圣经》就能看到那个我们都耳熟能详的故事：一切烦恼折磨皆因女人而起，自此之后男女之间的爱情总是避免不了会出现危机。在这个问题上，我们的教育太过严厉了。与其训导少男少女避免让婚姻成为罪过，还不如训练他们准备在婚姻中更好地担当各自的性别角色，同时让他们认识到两性是平等的。

现在很多女性常常感到自卑，这一事实突出证明了我们文化的失败。倘若有读者不相信，就请看看女性是何等拼命努力。你会发现，女性通常有战胜他人的欲望，她们对自己的培养和锻炼经常超出必要的范围。女性也比男性更自我为中心，因此未来对女性的教育必须是培养她们具有更广泛的社会兴趣，而不是一心只为自己谋福利，不顾及其他人。但要实现这一点，我们首先必须摒弃对男性特权的迷信。

让我们来看一个例子就知道有些人步入婚姻之前做的准备是多么不足。一次舞会上，一个小伙子正和一个漂亮的姑娘共舞，两人已经订了婚。跳着跳着，男生的眼镜忽然掉了。让在场所有人都目瞪口呆的是，小伙子为了捡起眼镜，几乎把未婚妻推倒在地。当有朋友问他："你刚才怎么回事？"他回答道："我不能让她踩坏我的眼镜啊。"可见，这个年轻人还没有为婚姻做好准备，他的女朋友也的确没嫁给他。

后来他去找医生，说自己患了忧郁症。过度关注自我利益的人经常会出现这种结果。

有大量的行为迹象可以用来判断一个人是否为婚姻做好了准备。假如一个人约会时经常迟到又没有恰当的理由，那么这个人是不足以信赖的。这种行为表明这个人态度摇摆不定，暗示他没有充分准备好应对生活问题。

如果伴侣中的一方总是想教育或批评另一方，这也是没有为婚姻做好准备的信号。同样，过于敏感也是不好的兆头，因为这反映了个体自卑情结。缺少朋友、不能融入社会的人也不适宜结婚。迟迟未选定一个职业的人也是如此。悲观的人不适合结婚，因为悲观暗示一个人缺乏面对生活种种境况的勇气。

尽管以上列举了一长串不宜结婚的性格特征，但选一个合适的或者大体上符合条件的人应该还是不难的。人们不应指望找到一个理想完美的结婚对象。当看到有人寻觅理想的结婚对象但总也找不到那个合适的"他"或"她"时，我们就可以断定这个人一定因为举棋不定而苦恼，这样的人压根儿就不想往前走。

德国人有一个古老的方法来判断两个人是否适宜结婚。按照传统，人们交给一对情侣一把两端各有把手的锯子，两人各执一端，试着锯断一棵树的树干，所有亲戚围成一圈在一旁观看。锯树是两个人共同的任务，每一方都要考虑对方在做什么，并相应调整自己的动作。因此人们认为这个方法可以很好地测试两人是否适宜结为夫妇。

作为最后的结论，让我们重申一遍：只有良好适应社会的人才能妥当处理爱情与婚姻问题。在大多数爱情与婚姻受阻的个案中，我们发现错误都在于个人缺乏社会兴趣，只有当个人改变，错误才能避免。婚姻是两个人共同承担的任务。目前的事实情况是我们所受的教育告诉我们，想要完成的任务要么是一个人独力承担，要么是需要多人合作，从来没有教我们如何应对需要两个人合作的任务。不过，尽管婚姻方面的教育有缺失，但只要两个人认识到他们性格上的缺陷，本着双方平等的精神来相处，还是能胜任婚姻中的角色的。

婚姻的最好形式是一夫一妻制，这一点几乎不需要再补充。许多人以一些伪科学的理由宣称一夫多妻或一妻多夫更符合人性。这样的论断是不能接受的，因为在我们的文化里，爱情和婚姻是社会任务，结婚不只是为了一己之利，更是间接在为社会利益服务。总而言之，人们走入婚姻的目的是人类种族的延续。

第十二讲

性与性的问题

如果孩子在早期不能正确地释放性能量，他们对性活动的渴望自然就会愈演愈烈。孩子在对待其他身体器官时会出现类似情形，性器官当然不能例外。但是，如果我们早早就开始对孩子进行指导，就有可能给孩子正确的训练。

在上一讲我们讨论了爱情和婚姻的常见问题，现在来探讨这个大主题中的一个更具体的方面——性，以及与性相关的各种或真实存在或误以为真的不正常行为。大多数人处理爱情问题比处理其他生活问题显得笨拙和不知所措，在性方面的问题上更加如此。针对性的问题，我们有太多迷信要破除。

最常见的是对遗传的迷信，即认为性在一定程度上由遗传决定，且不会被改变。我们知道，遗传很容易被拿来当借口或托词，然而这些借口会阻碍个体进步，因此我们有必要澄清某些以科学的名义提出的观点。未受心理学训练的一般人常常过于严肃认真地看待这些观点，却不知道提出这些观点的人只是发表了研究结论，并未论述对性本能的压抑和人为的性刺激是如何导致这些结果的。

性自生命之初就存在。护士或父母只要细心观察，就会发现婴儿出生后的头几天就会表现出性刺激和性动作。但这种性表现会超出一般的预期，更多地是由环境因素引起的。当孩子用性表达自己，家长应该想办法转移他的注意力。可是家长使用的方法经常不能正确地转移孩子的注意力，有时他们压根儿就找不到合适的方法。

如果孩子在早期不能正确地释放性能量，他们对性活动的渴望自然就会愈演愈烈。我们之前说过，孩子在对待其他身体器官时会出现类似情形，性器官当然不例外。但是，如果我们早早就开始对孩子进行指导，就有可能给孩子正确的训练。

一般情况下，童年时期的性表现是相当正常的，看到孩子的性动作我们不必大惊小怪。毕竟，一个性别个体的最终目标都是与另一个性别个体相结合。对待孩子的性表现，我们的策略应该是保持警觉。我们必须在一旁观察，防止孩子的性表达朝错误的方向发展。

人们常常很容易把某些个性特质归咎于先天遗传，而这些特质其实是个体在童年时自我训练的结果，有时这种训练本身被人们看作是遗传特性。于是，假如一个孩子恰好对同性的兴趣大于对异性的兴趣，人们就会说这是遗传缺陷。但我们知道，这种缺陷是个体日复一日自己养成的。有些孩子或成年人表现出性反常的特征，很多人认为这也是先天的。然而，假如真是遗传，为什么这些人会反复训练自己？还会在梦里演练自己的行为？

有些人到了某个时候就停止了这种自我训练。这种现象可以用个体心理学来解释。例如，有些人害怕失败，有自卑情结，或者训练过度，形成了优越情结。在后一种情况中，他们举止夸张，似乎性爱被他们过分强化了，而且这样的个人可能有较强的性能力。

对性的追求特别容易受环境的诱导。我们知道，图片、书籍、电影或某些社交形式往往夸大了性驱力。在我们这个时代，可以说几乎周围的一切都能让人的性兴趣膨胀。但我们也不必为了强调性的缺失而故意贬低性驱力在爱情、婚姻和人类繁衍中扮演的重要角色。

父母照看孩子的时候最需要提防的是不要强化了孩子的性倾向。母亲往往过分在意孩子在童年时初现的性动作，使得孩子高估了性的重要性。母亲可能被孩子的性行为吓慌，忧心忡忡，不停地教导孩子或者惩罚他。我们知道，很多孩子喜欢成为关注的焦点，他们继续保持这些习惯，恰恰是因为家长的训斥。父母最好不要过多跟孩子强调性，把它当作一个普通的问题即可。只要不让孩子看到你很在意这件事，情况就会变得容易很多。

有时，一些传统习惯促使孩子朝某一个方向发展。有可能孩子的妈妈不仅爱心如潮，还喜欢用亲吻、拥抱等方式表达出来。尽管很多妈妈坚称自己忍不住这么做但这些动作不宜过度。然而，过多的亲吻、拥抱不是母爱的最佳表达方式，这并不是把孩子当宝贝来爱护，而是当成"敌人"来加害，因为被溺爱的孩子在性方面不能健康发展。

要指出的是，很多医生和心理学家认为性的发展是身心整体发展的基础，也是所有身体行动的基础。笔者认为这是不符合事实的，因为性的整体形态和发展都取决于人格，即人生风格和人格原型。

举例来说，如果一个孩子以某种方式表达性冲动，而另一个孩子压抑性冲动，我们可以猜想两个孩子成年后会怎么样。假如一个孩子总是想成为大家的注意力焦点，总想征服别人，那他的性发展也必然会倾向于征服别人和引人瞩目。

很多人认为，通过同时有多个伴侣（一夫多妻或一妻多夫）这种形式来表达性本能可以显示自己高人一等、占据优势，因此他们跟很多人发生性关系。显然，这是出于心理原因而刻意强调自己的性欲望和性态度，他们以为这样就可以成为征服者。这种想法当然是错觉，不过这种错觉倒是可以补偿自卑情结。

性反常的核心就是自卑情结。被自卑情结所困的人总是想找捷径，有时最简单的方法就是故意忽略大部分生活内容，片面夸大性生活。

我们经常能在孩子身上发现这种倾向，且通常是那些想让别人花精力在自己身上的孩子。这些孩子故意制造麻烦，以便吸引父母或老师的注意，用一种消极无益的方式追求优越感。长大以后他们仍旧用这种习惯来占据别人的精力，通过这种方式获得优越感。这些孩子在成长过程中把性欲望与征服的欲望和追求优越感的欲望混为一谈。有的个体由于故意排斥生活中某些可能发生的事情和问题，会渐渐排斥所有的异性，慢慢变成同性恋。

值得注意的是，性反常的个体常常过分强调性的意义，但实际上他们强化的是自己性反常的倾向，把性反常当作一道保险屏障，借以回避正常性生活需面对的问题。

只有当我们理解了这些人的人生风格，才能看清楚所有的情况。这些人希望得到关注，但又觉得自己没有能力吸引异性。对于异性他们有自卑情结，这种情结可以追溯到童年。比如，如果他们觉得家里的女孩或妈妈的举止比他们自己的举止有魅力，他们就会感觉自己永远没有能力吸引女性。他们可能会崇拜异性并开始模仿。因此，我们见到有的男人行动像女人，而有些女人举止像男人。

有个案例能很好地说明我们所讨论的性癖好的形成过程。一名男子被指控患有施虐癖，并有虐待儿童的行为。研究他的成长经历，我们发现他有个专横独裁的妈妈，总是不停地批评他。他在学校是个聪明的好学生，可是他的成绩永远不能让妈妈满意。因此他对妈妈的亲近感非常淡薄，对她漠不关心，但是他喜欢跟爸爸在一起，父子关系很亲密。

类似这样的孩子可能会形成一个印象，即女人都严厉苛刻、吹毛求疵，与她们交往不会愉悦，除非必须否则不会去与她们接触，时间一长他们就排斥异性了。这种类型的孩子其实很常见，他们一害怕就感到性焦躁。由于受焦虑折磨，他们往往烦躁易怒，于是他总是要寻找不会害怕的环境。长大后这些孩子可能喜欢惩罚自己或折磨自己，或目睹小孩被折磨，甚至幻想自己或别人被虐待，他在真实或幻想的暴虐场景中同时感到性焦躁和性满足。

这个案例说明了孩子从小训练不当会造成什么后果。这个男子从来没有了解过自己各种习惯之间的联系，即使有一天了解了，也为时已晚。当然，一个人到了 25 岁或 30 岁才开始训练是十分困难的，最佳时机是在童年早期。

然而，孩子与家长的心理联系使得孩子童年时期的问题更加复杂。亲子之间的心理冲突带来的负面效应之一是孩子出现不良性举动，这让我们很好奇。一个好胜的孩子可能为了伤害父母而故意性放纵，青春期的孩子尤其如此。很多少男少女跟父母吵完架之后会跟别人发生性关系。

孩子用这种方式报复父母，特别是当他们看到父母对这个问题很敏感时。好斗的孩子几乎无一例外地会用这种方式"攻击"父母。

要避免孩子使用这一伎俩，唯一的办法就是让孩子对自己负责，这样他们就能认识到自己的性行为不只关乎父母的利益，也关乎他们自身的利益。

对一个人的性倾向产生影响的，除了体现在人生风格之中的童年生活环境，一个国家的政治经济环境也不可忽略。

特定的政治经济环境下形成的社会风气具有极强的感染力。在日俄战争结束和俄国第一次革命失败以后，俄国人丧失了希望和信心，当时社会上出现一场被称为萨宁主义的性运动，成年人和青少年无一例外地被卷了进去。在革命时期也会出现类似的性爱被过分夸大的情况。如果发生战争，情况就更加如此，人们觉得生命中再没有任何有价值的事，自然而然就沉溺于性欲。

有趣的是，警察也懂得性是释放心理压力的渠道。至少在欧洲，每当有罪案发生，警察通常都会到妓院去搜查，在那里能找到他们追捕的杀人犯或其他罪犯。罪犯之所以会出现在妓院是因为作案之后他们精疲力竭，要找地方放松发泄。他们想用力量来说服自己，证明自己仍然是个强大的人，而非落魄的灵魂。

有个法国人说过，只有人这种动物才会不饿的时候也吃东西，不渴的时候也喝水，随时都可以性交。性本能被过分满足，与其他本能需求被过度满足的情况差不多。当某种本能欲望被过分满足，兴趣被过度放大，和谐的生活就会受到干扰。

当兴趣和欲望过度发展，到一定程度就会变成强迫症，心理学研究档案中记录了无数这样的案例。普通人都知道，一个人太重视金钱就会变成吝啬鬼。有的人过分讲究整洁，把清洁当作头等大事，他们会夜以继日地不断清洗。还有的人认为天大的事莫过于吃，整天不停地往嘴里塞食物，唯一的兴趣就是吃，唯一的话题也是吃。

与此相似，纵欲也会导致生活失衡，并且不可避免地把整个人生风格拖向生活的消极面。

个体对性本能方面的正确训练应该是驾驭性驱力，将其引向一个积极的目标，这个目标体现在我们的所有活动之中。只要目标恰当，不论是性还是生活的其他方面都不会被过度强调。

另一方面，虽然所有欲望和兴趣都必须予以控制和协调，但也要提防完全压抑欲望的危险。正如一个人节食到了极端程度，身心都会受到伤害一样，完全杜绝性生活也是不可取的。

也就是说，在正常的人生风格中，性有恰当的释放方式，但这并不意味着可以通过性的自由释放来治疗神经症，神经症是人生风格失衡的表现。"压抑性欲就会导致神经症"这种观点被广泛宣传，但它并不符合事实。真实情况正好反过来：神经症患者不能正确地释放性能量。

有些患者接受建议，更多地释放性本能，结果情况变得更糟，原因在于他们不能使性生活适应一个积极的社会目标，然而只有健康的社会目标才能改善他们的疾病。简单地释放性本能是不能治愈神经症的，因为神经症是人生风格中的一种疾病，那它只能通过调整人生风格来治愈。

个体心理学家毫不怀疑地主张，性问题的理想解决方案在于完满的婚姻。神经症患者对这种治疗方案不屑一顾，因为他们是胆小鬼，没有为进入社会生活做好准备。同样，那些过分强调性，提议一夫多妻或试婚的人都在试图逃避通过社会关系来解决性问题。

他们没有耐心在夫妻双方互利的基础上解决社会适应问题，总是幻想通过什么新鲜办法来逃避。然而，最难走的路有时恰恰是最直接的。

结语

现在，到了总结我们研究成果的时候了。我们毫不犹豫地坦言，个体心理学研究以自卑问题为起点，最后又回到自卑问题。

我们看到，自卑是人类奋斗和成功的基点，同时又是所有心理适应不良问题的根源。当个人找不到一个具体、适当的充满优越感的目标时，自卑情结就会滋生。自卑情结会使人产生逃避现实的愿望，这种逃避的愿望表现为优越情结。优越情结仅仅是建立在虚无消极的生活层面上的目标，给人虚假的成功感。

这就是心理活动的动态机制。具体来说，如果心理活动在人生的某个时期出现了差错，可能会对个体造成极大的危害。我们知道，在童年时期，孩子的各种习惯倾向逐渐固化，它们会发展成人生风格，也就是说，一个人在四五岁时，人格原型就形成了。因此，要培养一个人形成健康的心理，关键要在他童年时给予正确的引导。

我们也论述过，童年引导的主要目标应该是培养其适当的社会兴趣，在此基础上形成健康、有价值的目标。只有锻炼孩子融入社会，才能正确驾驭人皆有之的自卑感，防止其发展成自卑情结或优越情结。

社会适应是自卑问题的对立面，正是由于个体自卑和弱小，人类才要生活在社会集体中。因此，社会兴趣和社会合作能拯救一个人。

MARK
麦客文化